幼儿园教师胜任力培训丛书

微课版

meishu
huodongqu

爱上
美术
活动区

幼儿教师
基本功

李慰宜
侯小燕　主编

华东师范大学出版社

·上海·

图书在版编目（CIP）数据

幼儿教师基本功：爱上美术活动区 / 李慰宜，侯小
燕主编. —上海：华东师范大学出版社，2019
　　ISBN 978-7-5675-9077-9

　　Ⅰ.①幼…　Ⅱ.①李…　②侯…　Ⅲ.①活动课程—幼
教人员—教师培训—教材　Ⅳ.①G613.7

　　中国版本图书馆CIP数据核字（2019）第061021号

幼儿教师基本功：爱上美术活动区

主　　编　李慰宜　侯小燕
责任编辑　罗　彦　刘　雪
责任校对　王建芳
版式设计　罗　彦
插　　画　何佳蔓
封面设计　俞　越

出版发行　华东师范大学出版社
社　　址　上海市中山北路3663号　邮编 200062
网　　址　www.ecnupress.com.cn
电　　话　021-60821666　　行政传真 021-62572105
客服电话　021-62865537　　门市（邮购）电话 021-62869887
地　　址　上海市中山北路3663号华东师范大学校内先锋路口
网　　店　http://hdsdcbs.tmall.com/

印 刷 者　上海昌鑫龙印务有限公司
开　　本　787×1092　16开
印　　张　18.25
字　　数　383千字
版　　次　2019年4月第1版
印　　次　2021年12月第3次
书　　号　ISBN 978-7-5675-9077-9/G·12010
定　　价　58.00元

出 版 人　王　焰

编者的话

《幼儿教师基本功：爱上美术活动区》终于和大家见面了，单从书中1 000多张照片和事无巨细的介绍、说明、视频，相信大家一定可以领会我们这个来自一线的幼儿教师团队，将自己点点滴滴的心得和盘托出的一份诚意。在对美术活动区开展实践研究的日子里，我们收获多多。

这是一座取之不尽的宝藏

我们爱上美术活动区是因为幼儿爱上美术活动区，因为那里呈现的是他们精彩纷呈的真实生活。幼儿身处美术活动区，眼里却是外面的世界，这就像取之不尽、用之不竭的源泉，给幼儿带来灵感，给活动区带来灵气。活动区里的每一个活动都足以让我们带着发现美的眼睛去探索、去想象、去创造，用小小的心去拥抱大大的世界。

这是一串颗颗相连的珍珠

我们曾纠结于活动区和集体教学、低结构和高结构学习活动孰是孰非的问题。在经历了数不清的活动现场以及反反复复的思考和争论以后，我们惊奇地发现活动区和集体教学就像大小不同的珍珠，穿在一起才能成为一条美丽的项链，两者各有优势又有不足，只有取长补短，使之相互推动，才是最适合幼儿的学习方式。在每一串项链里，珍珠的大小、穿法不同，构成了千变万化又万变不离其宗的儿童学习方式。

这是一团愈燃愈旺的火苗

每一个活动区都源自幼儿生活中的一个小小的话题，它不是静止的存在，而是在环境、材料以及师幼之间、幼儿与同伴之间不断的互动中渐渐深入和扩大的，它不断点燃幼儿学习的热情，使幼儿形成熊熊燃烧的求知欲望，让处在不同水平上的幼儿都能得到满足且收获满满。

这是一道流动不息的风景

要使幼儿真正成为学习的主人，游戏化是必不可少的条件，它让美术活动区动起来、让幼儿玩起来了。在游戏化的活动区中，幼儿和同伴有了更多的交流，他们的作品也不再只为挂在墙上供大家观赏，而是成了活动中不可缺少的道具和玩具。不断变化的道具和玩具使幼儿萌发了学习的动力，他们才思泉涌、各显其能；宽松的学习环境解放了幼儿，也解放了教师，师幼之间的关系变得更为亲密。

这是一条永无止境的道路

在这本书里，我们不但向大家介绍了团队的研究和实践成果，也毫无保留地介绍了我们曾经遇到的种种挫折，其中最大的障碍来自教师对观察与回应的把握。当幼儿不再被动地跟随教师的预设和规划，而是真正成为学习的主人的时候，对我们的挑战就更大了，每一次的观察与回应都考验着教师的教育智慧和专业素养。我们深深感到自己还有许多不足，并体会到研究幼儿、向幼儿学习是一辈子的功课，我们要做的事还有很多。路漫漫其修远兮，吾将上下而求索，我们永远在路上，愿在此和大家继续携手前行。

目录

阅读说明
YUEDU SHUOMING

活动展示

通过实例告诉你，活动区活动是如何层层推进的，教师在活动区中要扮演什么角色。

细细品读活动区的要求、流程以及教师的感悟，体会活动区完整的"成长"过程。

主题研讨

通过研讨告诉你，怎样才能让幼儿爱上美术活动区。

专家以理论与实例相结合的方式讲解和剖析美术活动区创设的关键点以及活动区背后的思考和探索，帮助你总结和提炼活动区实施的门道和技巧，让你能将这些实践智慧迁移到其他活动区中，为幼儿创设他们喜欢的且能促进他们发展的活动区。

活动展示

一起看
在了解活动区之前，请你先看一下活动区的实拍视频，然后再细细阅读。

Tips
这些温馨提示能帮助你更有效地组织活动区活动。

想一想
边阅读边思考，想一想你在组织活动区活动时，是否注意到这些重要的小细节。全书最后附有提示，你可从中获得启发。

活动过程
细致的活动流程图文说明，让你了解完整的活动过程。

一起做
扫描二维码可播放讲解视频，你可跟随镜头和孩子们一起做一做。

材料准备
图片加上材料名称小标签，使活动区材料一目了然。

活动区环境
活动区的整体环境全景照，让你能够身临其境。

观察与引导
告诉你在活动区中，教师该如何观察孩子并进行适时引导。

主题研讨

研讨前的思考

在研读主题研讨之前先想一下，你是否也遇到过这样的难题，是否也曾有过这些疑虑。你在遇到这些问题时是一带而过，还是仔细琢磨？你又是如何思考和处理这些问题的？

总结与思考

将理论与实例做对应剖析，进一步解析如何将理论融合在美术活动区中。

理论研讨

带着思考并结合自己的经验仔细研读和体会专家的讲解，内化活动区创设的关键要素。

实例展示

将理论研讨中的核心要点转化为美术活动区中的具体实践，在阅读实例的过程中再次深化对专家研讨内容的理解。

第一讲

让幼儿爱上美术活动区

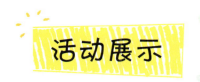
活动展示

活动1-1　猜谜语商店（中班）

执教教师：徐　进

幼儿喜欢猜谜语，但大多数谜语都来自教师或爸爸妈妈，那么幼儿自己能不能也来编一编、相互猜一猜呢？一本有趣的图画书《猜谜语商店》给我们提供了这个机会，引起了班级里幼儿对猜谜语的极大兴趣。书中不拘一格的谜语，更是提高了幼儿自编谜语的兴趣。活动区里的"看玩具猜谜语"就开展起来啦！

一、要求

（1）能分辨几类谜语商店的商品，运用猜谜的方法进行购物，感受其中的快乐。

（2）尝试运用折纸、泥工（整体塑形和叠加）等方式来制作商品。

二、流程

《猜谜语商店》这本图画书中所讲到的商店都是专卖店，我选取了幼儿熟悉的商店来开展活动。

本来是个高个子，
工作一遍又一遍，
慢慢变成小矮子。
猜猜看，它是什么

书中的文具店

如果遇上下雨天，
你从高处往下看，
好像花儿朵朵开，
骨碌骨碌转圈圈，
猜猜看，它是什么

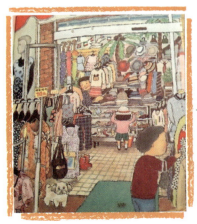

书中的服装店

第一阶段：利用现成玩具猜谜语

猜谜语活动是从幼儿自选数件玩具开始的。由一名幼儿描述玩具的特征，其他幼儿来猜，如

果猜不出，可以请这名幼儿继续补充谜语信息，猜出谜底的幼儿即可拿走玩具，直至玩具全部被拿完。

活动刚开始时，幼儿时常一不留神就说出了谜底，或者说了一两个特征就说不下去了，比如幼儿会说"小狗汪汪叫"，这样直接就把谜底说出来了。经过大家反复阅读图画书并试编谜语，谜面（玩具）又在幼儿身边，渐渐地，他们学会了从不同的角度观察和表达物体的特征。幼儿在猜中时会有一种胜利的喜悦，在没猜中但知道答案后会恍然大悟，猜谜语的成功率大大提高。

利用现成玩具猜谜语

像人不是人，
全身是黑色，
会听命令来走路，
还会发声音

全身是绿色，
长着四条腿，
它会汪汪叫，
还会摇尾巴

长得像苹果，
上面有按键，
可以学英语

幼儿自编的谜语

TiPS

- 不要限制幼儿编谜语的角度。例如，谜语中会有物体（动物）的特征、习性、用途以及和人的关系等信息，教师应允许幼儿自由选择，切不可有"先讲什么后讲什么，不可以漏掉什么"的刻板规定。

- 不要规定幼儿编谜语的长度。例如，一般谜语为四句，幼儿可适当增减。

- 不强求幼儿在谜语中体现词汇的韵律感。教师如果急不可耐地提出超过幼儿现有能力水平的要求，反而会欲速则不达，打消幼儿自编谜语的积极性。通过猜谜语活动，幼儿能逐渐领会语言的韵律感。

第二阶段：利用现成玩具开设猜谜语商店

在幼儿熟悉猜谜语的方法以后，我们就学着图画书里那样，开起了幼儿自己的猜谜语商店。由数位幼儿扮作营业员布置商店中的售卖品。当顾客前来购买时，顾客要用谜语描述商品的特征，并尝试与营业员进行简单的对话，例如：

营业员："请问你要买什么？"
顾　客："我要买（描述特征），
　　　　猜猜这是什么？"
营业员："是 ×××吗？"
顾　客："恭喜你，猜对了。"
　　　　或"对不起，猜错了。"

猜谜语购物

规则

（1）猜对即可取走商品并交换角色（营业员和顾客）。

（2）营业员猜错时可再猜一次，或要求顾客继续补充商品的特征。如果仍然猜错，顾客则不能取走商品，双方也不能交换角色。

（3）顾客说得不清楚时，营业员可再问："这样东西还有些什么……？"或"是不是还有×××呢？"在猜谜语的过程中，双方都不能说出谜底。

玩着玩着，幼儿把握了猜谜语商店的购物规则，对猜谜的方法也更为熟悉了。

第三阶段：利用自制商品开设蔬果商店和服装商店

由于幼儿园的玩具有限，如果不断重复运用这些玩具猜谜就会使幼儿失去乐趣，而且幼儿猜中的商品也不能真正地买回去，他们觉得不够满足。于是，在幼儿已经熟悉猜谜语的方法和简单规则以后，我们就将现成的玩具改为自制玩具，同时将商店分类。我们借鉴图画书《猜谜语商店》里面的内容，结合幼儿的生活经验进行筛选，确定先开设"蔬果店"，并用造型土制作商品。

想一想：
　　我们为什么要选择
先开蔬果店呢？

材料准备

商店画面
货架
纸盘
彩色造型土
黏土工具

蔬果模型

活动区材料

活动现场

幼儿自选一个水果或蔬菜，用相似颜色的造型土进行制作

自选水果

然后将制作好的水果或蔬菜放到盘子里进行买卖

货架

TIPS

发现了吗? 幼儿会把相同品种的蔬果放在一个盘子里哦!

由于幼儿在主题"周围的人"活动中学会了折叠服装的方法，因此我们提出了开一家服装商店(折纸活动)的想法。在活动区中，幼儿不愿意单单重复折衣服和裤子，于是他们又折出了新的帽子、百褶裙、POLO衫等。

材料准备

小衣架
商店画面
剪刀
小绒球
小夹子
双面手工纸
蜡笔
水彩笔

活动区材料

10

TiPS　我们可以根据幼儿所折衣服的大小，用扭扭棒来制作小衣架。

一起做

想知道这些可爱的小衣服、小裤子是怎么折的吗？观看微视频，一起来做一下吧！

漂亮的衣服和裤子

活动现场

　　幼儿用泥工、折纸等方法将自己制作的商品放入商店售卖，猜出谜语后就可以将喜欢的商品带回家，这使他们玩得不亦乐乎，参与活动的积极性也愈加高涨。

幼儿在认真地制作商品

第四阶段：开设猜谜语玩具商店

　　在蔬果店和服装店中，幼儿可以把猜出来的商品带回家。于是，他们就想开设一家玩具商店，这样就能把自己制作的玩具也带回去了。

材料准备

眼睛贴

小盒彩色造型土

大盒彩色造型土

活动区材料

想一想:

为什么要准备两种规格的彩色造型土呢?

值得注意的是,我们需要准备两种规格的彩色造型土。一切准备就绪,我们的玩具商店开张啦!幼儿参照自己喜爱的玩具,用造型土塑形。玩具的各项特性较之蔬果、服装来说更多变,因此,幼儿描述其特征的维度也更为多样。

TiPS

为使黏土玩具更为牢固且更有整体感,我们又启发幼儿变"拼接"(叠加)为"拉出"(整体塑形),例如在整块泥上拉出兔子耳朵、小鸟的翅膀等,这样即使泥干了也不容易掉下来。

活动现场

一起看

我们一起来看一下整个活动的现场视频吧!注意观察幼儿在活动中的创造性表现。

1. 活动区环境

服装店　　玩具店　　蔬果店

活动区全景

2. 活动过程

（1）从之前玩过的商店（蔬果店、服装店）导入本次商店的主题——玩具商店。

导入本次主题

TIPS　此时可以让幼儿自己思考用什么材料来做玩具比较合适。

（2）幼儿选择自己喜欢的玩具，并挑选与所选玩具颜色相似的彩色造型土。

（3）幼儿在制作过程中反复观察、对照玩具的形和色。

（4）幼儿完成作品后，一起来猜谜语。

挑选彩色造型土　　　反复观察、对照玩具的形和色　　　猜猜是什么玩具

3. 观察与引导

教师要注意观察幼儿在活动中的创造性表现，你会收获惊喜。例如：

幼儿能够运用团圆、搓长和压扁等方法来制作商品。

幼儿利用桌子来搓圆较大的彩泥。

在教师的引导下，幼儿运用整体拉出的方法制作兔子耳朵。

幼儿利用工具来压坑。

幼儿利用两种颜色的彩泥来调色。

幼儿用两个手指捏出锥形嘴巴。

幼儿同时用两个手指搓圆（单手搓）。

4. 幼儿作品

幼儿制作的玩具

第五阶段：开设钟表店、文具店、礼品店、蛋糕店等其他商店

我们通过各种活动不断扩大幼儿的认知经验，并为幼儿提供更为丰富的材料，启发幼儿构想新的商品的制作方法。在此基础上，幼儿又陆续开设了钟表店、文具店、礼品店、蛋糕店等其他商店。图画书中还有饰物店，但我们没有选择。

在活动的过程中，我们用相机将幼儿制作的商品拍下来，编制成画册，可供幼儿玩"看谁猜得准、猜得快"的猜谜游戏。

蛋糕店

三、感悟

自开设猜谜语商店以来,幼儿无论在认知能力、语言表达能力,还是在艺术表现力上,都获得了递进式的发展。

1. 对周围事物的认知广度和深度都在不断提高

幼儿最初的猜谜对象大都集中在常见物品上,渐渐地,他们不再满足那些熟悉的事物,商品类别从蔬果、服装到玩具,再到钟表、文具、礼品等。随着新店的火热开张,幼儿对周围事物的关注更为广泛了,也更为深入了。

幼儿制作的玩具

幼儿对事物的观察越发细致，把草莓上的点点也制作上去了

幼儿制作的蔬果

2. 幼儿的语言表达能力不断提升

记得刚开始编谜语时，幼儿不是一不留神就讲了谜底，就是说了一句就不知再说什么了。在得到图画书的启发和教师的引导后，幼儿开始尝试从对象的外形、声音、习性等方面进行描述，尤其是当谜面以商品的形式展现在幼儿眼前时，他们能更直观地按照自己的观察进行描述。渐渐地，越来越多的幼儿编出了十分精彩的谜语，例如：两个长耳朵，身上白又白，长着红眼睛、走路蹦蹦跳（兔子）；圆头圆脑袋，头上尖尖嘴，两个大眼睛，头上小鸡冠，身后有尾巴（小鸡）。

两个长方形，长着三张嘴，如果没有它，不能见朋友

一样东西三个洞，头钻大洞，手钻小洞，身上就会暖烘烘

大眼睛卷身体，触角长眼睛，走路慢吞吞

全身黄灿灿，头戴圣诞帽，穿着蓝裤子，戴副小眼镜

幼儿编创的谜语

3. 艺术创造力在潜移默化地发展

　　由于猜谜语商店商品种类繁多,幼儿接触的制作方法也非常丰富。教师应尽量结合幼儿的制作经验创设环境,这样幼儿也会积极参与。有时在集体教学活动中学了一个新的方法,幼儿就会说,"这种方法也能用来做某个商品"。有时为了使商品更生动,幼儿还会主动尝试一些原来不会做的方法,例如教师原本以为难度较大的整体拉出法,在幼儿发现这样做出的商品比用拼接法做的更为牢固时,大家都纷纷加以尝试。

　　总之,优质的活动区不会聚焦在某个领域,而是一个能体现各领域活动自然整合的区域。

运用整体拉出法制作的商品

读书手记

活动1-2 我和朋友心连心（中班）

执教教师：吴燕华

中班美术区活动"我和朋友心连心"源自开学不久的一次集体教学活动"我和妈妈心连心"。在"三八"妇女节后，活动内容从"我和妈妈心连心"转变为"我和朋友心连心"，然后又从和一位朋友心连心拓展为和许多朋友心连心。

一、要求

（1）尝试沿轮廓线连续旋转地剪纸，表现富有弹性的纸条并通过穿插的方式丰富造型。

（2）自制朋友卡并将其连在一起，体验和朋友心连心的情感。

二、流程

第一阶段：自制"三八"妇女节贺卡

"三八"妇女节来临之际，为了表达爱妈妈的情感，我们请每一位幼儿带来了一张妈妈的照片，并引导幼儿制作了"我和妈妈心连心"的贺卡。贺卡的制作方法是：在一张对折卡纸的两边，分别画上妈妈和宝宝的头像，然后再尝试沿爱心的轮廓线边旋转纸边剪下爱心，将其局部粘贴在妈妈和宝宝的身边。当两颗爱心钩在一起的时候，这两颗心就如同心脏一般地跳动起来。幼儿在一遍遍地尝试用各种方式让两颗心跳动起来的时候，深切地获得了与妈妈心连心的体验。

TiPS

考虑到中班幼儿的空间知觉能力还较弱，爱心轮廓线是由教师事先准备好的，其中有以下注意事项：

- 轮廓线的方向是逆时针的，即自起点朝右开始剪。
- 轮廓线之间的距离要略宽一些，不然中班幼儿容易将爱心剪断。
- 爱心最中间处的线条要"钩"起来，这样才能将爱心连起来。
- 预留虚线并在最后将其剪断。

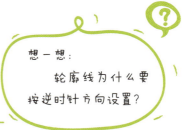

想一想：

轮廓线为什么要按逆时针方向设置？

 活动现场

（1）画妈妈和自己的头像。

（2）尝试沿爱心的轮廓线，边旋转纸边剪下爱心。

（3）将爱心粘贴在头像上（局部粘贴）。

（4）拉起爱心中心端后再放开，让两颗心跳动起来。

（5）试着将两颗爱心连在一起。

TiPS

在指导幼儿剪爱心轮廓线时，可运用"剪刀口一张一合"、"打个弯"、"笔直大步走"、"是剪刀在转，还是纸在转"等指导语。

想一想：

为什么是转纸，而不是转剪刀呢？

"我和妈妈心连心"贺卡

一起做

我们也来试着剪两颗爱心，让它们心连心吧！

根据轮廓线剪的爱心

第二阶段：我和朋友心连心

　　节日过后，幼儿对制作心连心贺卡的兴趣意犹未尽，"我们可不可以和小朋友也心连心呢？"这一提议得到了幼儿的热烈回应，于是，我们在活动区的一边展示了幼儿原来制作的贺卡，在另一边用同样的方式延续开展了"我和朋友心连心"的活动。虽然贺卡制作的方法与原来的一样，但是贺卡里的头像变成了同伴，可供幼儿选择的爱心底板颜色也丰富多彩起来。在幼儿制作的过程中，我们请幼儿说说他们的好朋友是谁，喜欢和朋友在一起做些什么等，并让他们邀请好朋友和自己一起来跳动爱心。这样可以让幼儿为自己有好朋友而高兴，并体验爱朋友的情感。

贺卡里的头像变了，爱心底板颜色也更丰富

师：你的好朋友是谁？你喜欢和朋友在一起做些什么呢？
幼：我的好朋友是××，我喜欢和他一起玩篮球

为自己有好朋友而高兴，体验爱朋友的情感

我和朋友心连心

第三阶段：我的朋友真不少

　　第二阶段的做法只能将两个好朋友连在一起，然而幼儿发现，大多数时候是很多朋友在一起开展活动的，例如：玩娃娃家、滑滑梯、搭积木、过生日等。怎样才能让更多的朋友心连心呢？经过反复思考，我们发现可以采用在爱心底板纸上开口对插的方法。为此，我们在每一张底板纸的两边各剪开两刀，这样就能将原来两颗心的连接变为更多心的连接。幼儿既可邀请同伴加入自己的爱心，又可加入其他小朋友的爱心队伍中，探索的内容也从原来剪跳动的爱心发展为更多的心和心的连接。幼儿从开始的两颗心连接，发展为四五人、七八人，甚至更多小伙伴，有的幼儿还尝试着让全班小朋友的爱心都连接起来。由于爱心队伍的人数、爱心的插入方向、爱心底板的颜色搭配等的不同，因此这些爱心产生出了似万花筒般的构图美，幼儿也在这个过程中不断提升了"朋友多真好"的情感体验。

材料准备

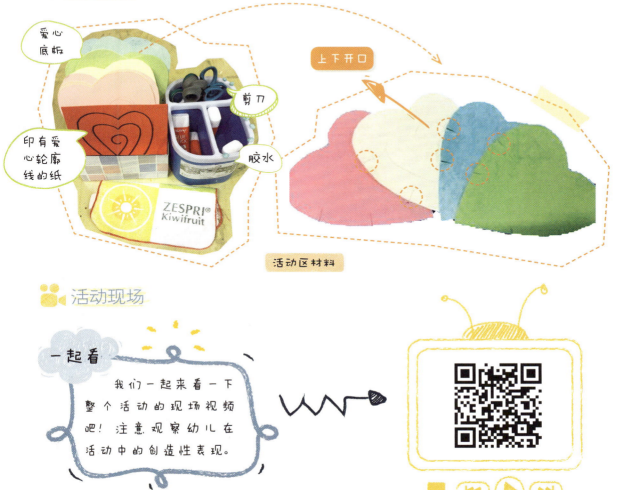

爱心底板

印有爱心轮廓线的纸

剪刀

胶水

上下开口

活动区材料

活动现场

一起看

我们一起来看一下整个活动的现场视频吧！注意观察幼儿在活动中的创造性表现。

1. 活动区环境

我和妈妈心连心

展示区域

朋友在一起的活动场景

活动区全景

2. 活动过程

（1）从朋友在一起的活动场景导入，让幼儿说说画面上的自己在和谁玩，数数有几个朋友在一起玩等，从而让幼儿意识到平时是很多朋友在一起玩的。

（2）教师演示两颗爱心对插的方法，如上开口和上开口对插，上开口和下开口对插等。

（3）引导幼儿有目的地寻找心连心的对象（可以是自己，也可以是朋友），而不是随意地粘贴头像。教师可以询问幼儿："你是邀请自己呢？还是邀请朋友呢？"或"今天你邀请的朋友在这里吗？和他打声招呼吧！"

TiPS
　　幼儿在前两个阶段的活动中已经掌握了剪爱心的方法，教师不必再重复教授。本阶段的重点是爱心与爱心的拼插。

（4）幼儿在选择好自己的朋友头像及底板颜色后开始制作。在幼儿选择朋友头像时，教师可及时了解他们找了几个朋友，朋友的名字是什么等，使幼儿的活动更有目的性和针对性。

（5）幼儿探索将原来的两颗心的相连发展为更多心的连接。

朋友在一起的活动场景

教师演示爱心对插的方法

引导幼儿有目的地寻找心连心的对象

我要让更多的朋友心连心

幼儿开始制作爱心

（6）幼儿完成制作后,教师可以带领大家一起观察每组队伍的朋友数量,引导幼儿说说朋友们的名字。

数数每组队伍有几个朋友

3. 观察与引导

有的幼儿可能会一下子拿好几个朋友的头像，这样制作的时间就会很长，教师可以引导他们：先送一些朋友回去，连上一个再继续邀请。

教师要观察幼儿剪纸的方法是否正确。比如有的幼儿是反着剪的，这样容易剪到手，很危险。还有的幼儿在使用剪刀时，剪刀张口过大，不易开合，剪起来很慢。

幼儿将爱心在桌上放平整后，一只手压住爱心，另一只手涂固体胶。这是幼儿自己探索出的好方法。

教师要引导幼儿养成良好的习惯，把剪好的纸揉成团扔进垃圾桶里。通过师幼互动，其他幼儿也会照着做。

幼儿做好爱心后，教师可以引导其选择相应的爱心队伍。关键指导语：你想加入哪一组队伍？

幼儿贴好爱心后，教师可引导其再次选择更多的朋友头像来继续制作。

幼儿第一次尝试运用开口对插的方式拼接爱心，教师可以适时地提供帮助，但对插的位置由幼儿自己选择。

4. 幼儿作品

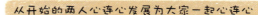
从开始的两人心连心发展为大家一起心连心

三、感悟

1. 活动中不断提升情感体验

回顾从最初的"我和妈妈心连心"到现在的"我和朋友心连心"，幼儿始终沉浸在对亲情、对友情的体验中。记得在进行"我和朋友心连心"的活动初期，幼儿尚且满足于找到一个朋友所带来的温暖，有的幼儿找到一个朋友后就觉得大功告成了，之后不再去这个活动区了，也有个别幼儿始终没有被邀请，让老师十分担心。但是，适时开展"我的朋友真不少"后，幼儿开始不断地尝试邀请朋友或被朋友邀请，在变幻莫测的爱心穿插中没有一位幼儿被冷落。此时幼儿体验到的成就感已超越了艺术表现所带来的乐趣，朋友多真好的情感体验已在不言中。

满足于找到一个朋友

找到更多朋友

没有一位幼儿被冷落

2. 幼儿对颜色关系经验的积累和提升

就美术活动而言，三个阶段的活动中最突出的就是颜色关系。在活动区"我和妈妈心连心"中，教师提供了3~4种不同颜色的爱心卡片，引导幼儿关注爱心与底板颜色的配合，使幼儿发现深浅配合的颜色效果。

在活动区"我和朋友心连心"中，教师虽然只提供了红色爱心，但底板的颜色变得更为丰富。幼儿此时已摆脱了对教师的依赖，他们会将数张底板纸和爱心纸反复比较，再选取其中他们认为颜色搭配得最好的一张。在这一过程中，幼儿更为留意和思考的是如何选色，他们的选色意识也在不断提高。

在活动区"我的朋友真不少"中，幼儿每增加一颗相连的爱心，就会关注这颗爱心底板与相连底板的颜色搭配，从不让相邻的底板重色到更大范围地去思考如何使颜色搭配得更为协调，幼儿开始更加关注颜色配合的整体效果。

众所周知，艺术作品的画面色彩至关重要，这包括颜色的深浅、暖冷、多少等诸多因素，它不是通过刻板的规定来让幼儿掌握的。只有让幼儿通过直观的体验，在他们不断尝试与探索的过程中，才能增强幼儿的辨色能力，提高幼儿的配色意识。

选择与卡片颜色协调的爱心色纸，发现深浅配合的颜色效果

红色爱心和不同颜色底板纸的协调搭配，幼儿选色意识不断提高

爱心与爱心之间的底板颜色的搭配，让幼儿从更宏观的视角去思考如何使颜色搭配得更为协调

提升幼儿对颜色关系的认识

读书手记

活动1-3 变大变小的伞（大班）

执教教师：朱 雯

通常我们对伞有两种不同的解读：一是伞的变化，即按伞的不同用处分类（如：雨伞、降落伞、滑翔伞等），我们可以引导幼儿想象"伞除了可以遮风挡雨以外，还有什么用处"；二是感知伞的大小是相对的。"变大变小的伞"这个活动区就是兼顾这两个角度而开展的，我们让幼儿通过探索伞与周围事物的关系来发现伞的大与小是在比较中变化着的。虽然大班幼儿已经能初步关注事物间的相互关系，但是仍然会把许多事物绝对化，因此"同一个物体既会变大也会变小"这件事对他们来说，似乎也是不可思议的，由此可以开启他们新的探索。

一、要求

（1）尝试运用已有经验理解伞的折叠方法，把握折叠顺序。

（2）联系生活经验，想象伞的不同用途，在比较中初步理解与表现物体的相对大小。

二、流程

第一阶段：折伞说功用

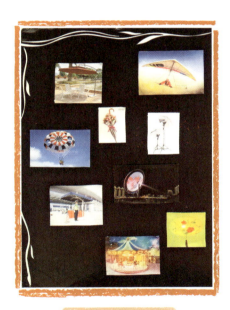

收集不同伞的照片

我们从"伞除了遮风挡雨还有什么用"这一问题展开讨论。由于幼儿对伞非常熟悉，他们立刻联想到沙滩遮阳、民族舞蹈中的"伞舞"、降落伞、做帐篷、旋转木马的顶等内容。之后又在家长的参与下，幼儿通过日常观察、收集照片等方式，进一步借助伞的外形来拓展想象，想象着伞变化成了各种物品，并且使伞产生了广泛的用途，幼儿对伞的兴趣也越来越浓厚。

活动从折叠一把伞开始，我们为幼儿提供了相同大小的双色纸，让他们尝试着折叠一把相同大小的伞。

想一想：

为什么我们选择折叠伞，而不选择画伞呢？为什么要为幼儿提供大小相同的双色纸呢？

相同大小的双色纸　　　　　　　　探索折叠伞的方法

一起做

我们也来试着折叠一把伞吧！

伞

第二阶段：大伞和小伞

　　在幼儿了解了许多伞的用途后，我们就启发他们将折叠的伞贴在画面上，按自己的想象添画相关的内容，从而构成不同情境的画面。

启发幼儿想象的示例图

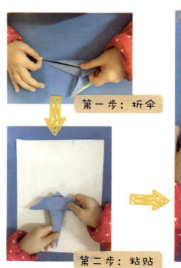

第一步：折伞

第二步：粘贴

第三步：添画相关物

起初，幼儿认为伞的大小是固定的，大伞就是大伞，小伞就是小伞，不可能一会儿变大，一会儿变小。可是当他们在伞的边上画上相关物时就会发现：虽然大家折叠的伞是同样大小的，但是当把伞贴在画面上的时候，发现当成屋顶时，伞就变大了，当成项链时，伞就变小了。这一发现使幼儿非常惊喜，并将它解释为"伞会变魔术"。有的幼儿开始有意识地按想象中伞的大小来添画内容，例如：同样是动物伞，想变大伞就在伞下画上大象，想变小伞就在伞下画上蚂蚁。这让幼儿渐渐悟出：伞的大小是在和周围事物进行比较中发生了变化。

我们及时提供了大伞和小伞两块展示板，让幼儿按自己所确定伞的大小来展示作品。幼儿从中发现，可以变大或变小的伞有很多，他们不断地拓展内容，玩起了"大伞小伞来站队，比一比哪一边的伞多"的擂台赛，吸引了越来越多的幼儿参与其中。

大象撑的伞（变大了）

蚂蚁撑的伞（变小了）

屋顶（变大了）　　　项链（变小了）

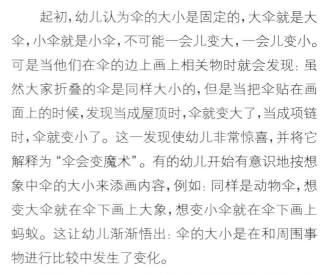

大伞和小伞展示板

TiPS

教师不要指挥幼儿在展示板上贴伞，而是要让他们根据所画的伞，自己判断并选择相应的展板来粘贴。

第三阶段：大伞小伞比大小

🌀 材料准备

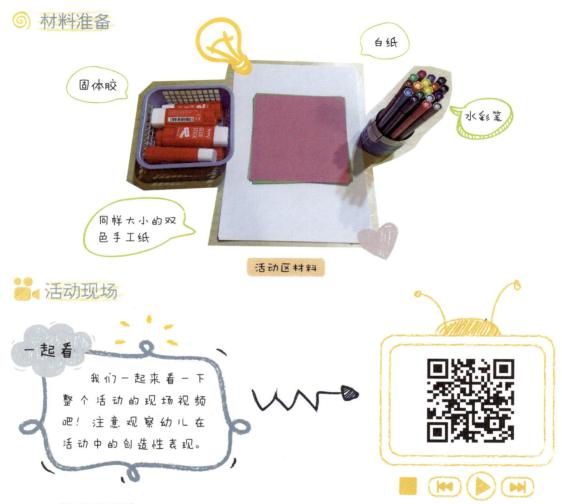

白纸

固体胶

水彩笔

同样大小的双色手工纸

活动区材料

🎬 活动现场

一起看

我们一起来看一下整个活动的现场视频吧！注意观察幼儿在活动中的创造性表现。

1. 活动区环境

启发示例

展示区域

收集的照片

之前作品的展示板（大伞小伞贴两边）

活动区全景

说一说、数一数

幼儿在为伞添画

2. 活动过程

（1）引导幼儿说说以前画的内容，了解其他伙伴的创作，同时也可以避免这次添画时出现过多重复已有内容的情况。

（2）提出做伞牌比大小的建议，共同数一数大伞和小伞的数量分别是多少，借此让幼儿发现伞牌还不够多，触发本阶段活动的动机。

（3）幼儿开始制作伞牌。

TIPS

如果幼儿都集中去画某一类型的伞，比如都去画大伞了，教师要进行引导。关键指导语：大伞好像太多了，小伞要不够了，谁能来画小伞呀？

（4）制作完成后，大家一起来命名，只有朋友们都认可了才能进行游戏，同时也检查一下有没有重复的伞牌。

帮伞牌命名

（5）在有了相当数量的添画伞后，我们就可以将画面做成伞牌，和幼儿玩起了"大伞小伞比一比"的游戏。

玩法

（1）将幼儿分成两组，即大伞组和小伞组。

（2）将大小伞牌混在一起，背面朝上。

（3）双方确定比大还是比小。

（4）两组各抽取一张牌比一比，如果这次是比大，则握大伞牌者得牌。

大伞小伞比一比

Tips

● 游戏前需要和幼儿确认好规则，比如确定了今天是比小就只能比小，不能中途更换。

● 最后可以让幼儿一起数一数哪一组的牌多，让他们自己来判断输赢。

● 引导幼儿了解输赢只是暂时的，不是绝对的，每一次比大小都会有不同的结果。

在游戏中，幼儿发现大小并不是固定的，这一发现使他们兴奋不已。接着，我们又用大伞牌或小伞牌单独来比大小，使幼儿更加深切地体会到：大小是比出来的，同样的大牌或小牌也有大小之分，没有绝对的大和小，从而初步理解大小的相对性。

3. 观察与引导

在幼儿折伞时，教师就可以询问他们接下来打算画什么。如果出现重复的情况，或是有不符合的地方（如想画大伞，命名却是小伞的），或是缺少思路，教师可引导幼儿观察之前收集的图片中的伞或是给一些合理的建议，适时地引导和启发他们。

有个幼儿将伞表示成一条小鱼，此时教师引导：鱼有大有小，该住在哪里才能说明这条是小鱼呢？之后幼儿画了个鱼缸。

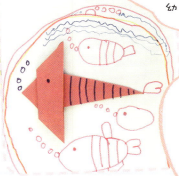

由于许多幼儿喜欢在画的过程中换不同颜色的笔或填色，这都会打断幼儿添画的思路，因此教师可以引导幼儿先用一支笔画，构思出画面的主要内容。

4. **幼儿作品**

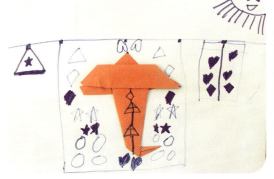

幼儿作品（小伞组）

幼儿作品（大伞组）

第四阶段：增添比大小的新玩法

在以上玩法的启发下，比大小的玩法越来越多，产生了很多由幼儿自己商量出来的新玩法。

1、大伞中找最小伞，小伞中找最大伞

选取一组大伞（或小伞），试着由大到小（或由小到大）逐一比较排队，在大伞组中找最小伞或在小伞组中找最大伞。最后还可以将大伞组的最小伞和小伞组的最大伞作比较。

最大

最小

大伞组中的最大伞和最小伞

在大伞组中找最小伞，
小伞组中找最大伞

2. 大伞·小伞接长龙（1）

在一堆伞牌中，先随机取一张牌放在桌上，然后逐一翻牌并与桌上的牌比大小，依大小排序，接成长龙。

邮轮 旋转木马 风筝 兔子 水母 头绳 苹果梗

大伞小伞接长龙（1）

3. 大伞·小伞接长龙（2）

任选一张伞牌放在中间，两人各拿相同数量的伞牌，注意不能让对方看到自己手上的牌。同样按大小顺序接龙，最先将自己手里的牌接完的一方获胜。

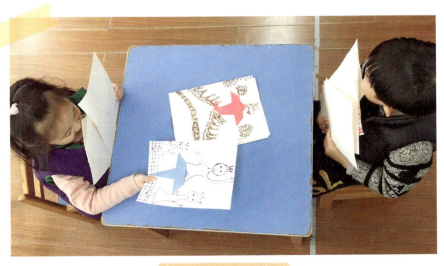

大伞小伞接长龙（2）

由于幼儿每次都是随机拿牌，很有可能某张牌在这一轮玩的时候是大伞，在下一轮的比较中就成了小伞，反之也如此。玩到后来，幼儿说："变大变小哪里是魔术，明明是比出来的呀！"由此，幼儿进一步悟出了"大小是相对的"这一概念，并且对于事物大小与周围环境的关系有了更多的认识。

三、感悟

在这个活动中，使我体会最深的就是必须给幼儿充分探索的机会，有探索才有发现，折叠伞是如此，发现大小的相对性也是如此。

1. 在探索中发现折叠伞的方法

传统的折纸教法就是教师通过演示或出示步骤图，一步不差地将折叠方法告诉幼儿，在这个过程中，幼儿只是在不断重复已知的答案，缺乏学习的积极性，教师教得累，幼儿学得更累。本次活动是在幼儿掌握了折纸的一些基本步骤以后，尝试将"教师传授式教法"变为"幼儿探索式学法"，即将每一个新的折纸内容与幼儿的已有折纸经验联系起来，凡是幼儿能联系已有经验的折叠步骤，就启发他们自主探索。当幼儿发现自己有能力去尝试新的折纸内容时，他们折纸的积极性会大大提高，自主折纸的能力也会迅速提升。

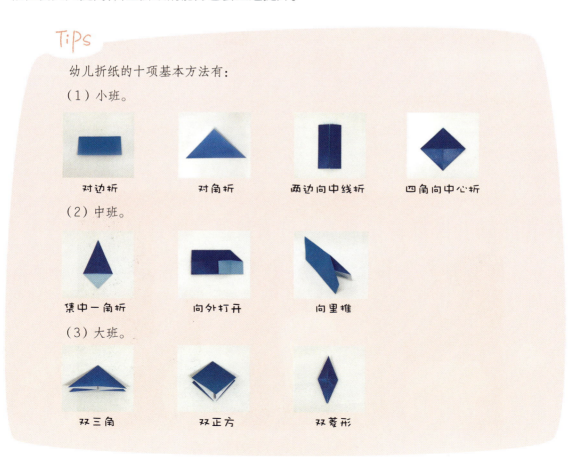

Tips

幼儿折纸的十项基本方法有：

（1）小班。

对边折　　对角折　　两边向中线折　　四角向中心折

（2）中班。

集中一角折　　向外打开　　向里推

（3）大班。

双三角　　双正方　　双菱形

比如说本活动中的折伞，我们通过分析伞的折叠步骤发现：大多数的折叠方法都是幼儿过去折叠其他内容时早已接触的。于是教师就通过引导回忆，帮助幼儿从具体形象的折纸内容中再现经验。例如，幼儿已有折叠飞机（集中一角折）与折叠桌椅、簸箕（向外打开）的经验，而折伞同样需要运用这些基本方法。教师通过让幼儿回忆这些具体形象的内容来帮助他们很快地将已有的折叠经验迁移到新的折伞内容中，让二者建立联系。

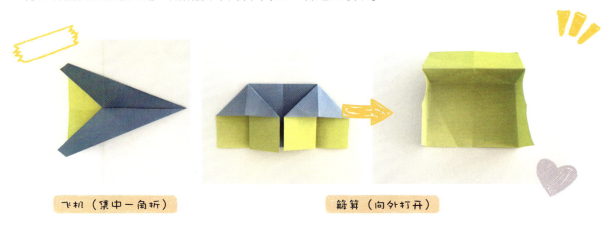

飞机（集中一角折）　　　　簸箕（向外打开）

折伞的最大难点就是一个连续折叠的动作，这个连续动作可以分解为"集中一角折—向外打开—压平折边"三个动作。教师用慢动作边折叠边引导幼儿观察，当他们发现这三个动作都是早已学会的折叠方法时，高兴地称其为"三连贯"。

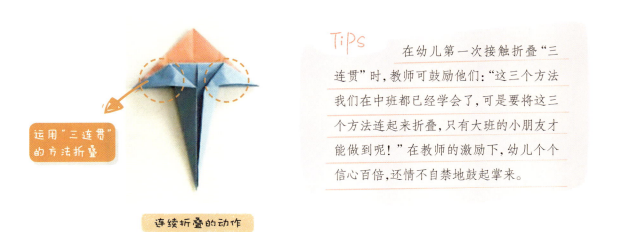

运用"三连贯"的方法折叠

连续折叠的动作

TiPS　在幼儿第一次接触折叠"三连贯"时，教师可鼓励他们："这三个方法我们在中班都已经学会了，可是要将这三个方法连起来折叠，只有大班的小朋友才能做到呢！"在教师的激励下，幼儿个个信心百倍，还情不自禁地鼓起掌来。

分解了难点就是降低了起点，这让幼儿有了更多自主探索的空间，不断将折纸经验组合内化，感知折纸的千变万化。

2. 探索事物大小的相对性

在这个活动区中，我们一直围绕着事物大小的相对性这一主题展开，幼儿对该概念的认知经历了"大小不会变"到"大小变化只是一个魔术",再到"大小是比出来的"漫长的探索过程。

这样一个对成人来说十分简单的道理,对幼儿来说却是不可思议的。没有幼儿的自主探索就没有属于他们自己的发现,教师必须克服急于求成地把探索和发现放在一起的做法。比如有时会在幼儿刚开始探索时就急不可待地把答案告诉他们,将幼儿重复教师的答案作为他们的发现,这样显然剥夺了幼儿自己发现的机会。教师必须有足够的耐心,创造更多的条件让幼儿自主探索和发现,让他们真正地体会到发现时的那份惊喜、自信和成就感。

读书手记

让幼儿爱上美术活动区

主讲人：李慰宜、张晨华

- 幼儿能将花朵画得很漂亮，但是他们对幼儿园内真正盛开的花朵却漠不关心，这是为什么？
- 幼儿在活动结束时有没有说"老师，我完成了"，这意味着什么？
- 我有没有关注过幼儿在活动前后的变化？
- 我该如何将美术活动与其他领域的内容整合？
- 我该如何处理美术活动区和集体教学的关系？
- 在幼儿进行活动区活动时，我要观察什么？

一、设置美术活动区的理由

我们之所以要创设美术活动区，是为了能在更为弹性的时段里，使每个幼儿都可按照自己的学习轨迹，创造多样选择的内容和多种变化的可能，置身于探索新知的情境中，释放想象，放飞情感，积累更多运用艺术创造表达对周围世界的认识与情感的经验，获得无限丰富的审美感受。设置美术活动区时需要注意以下几点：

（1）与幼儿的生活结合得更紧密一点。

（2）将目标确定得更弹性一点。

（3）让幼儿的学习方式更灵活一点。

（4）让幼儿在艺术创造中更自信一点。

二、开展美术活动区应遵循的原则

1. 关注整合

关注艺术领域与其他领域的自然联系，关注集体（小组）学习与活动区活动在内容上或表现方法上的互相迁移和推动，满足幼儿的好奇心，激发其求知欲，促进幼儿认知、情感与态度、动作技能全面协调发展。例如："猜谜语商店"是美术领域与语言领域的结合；"我和朋友心连心"是美术领域与社会领域的结合；"变大变小的伞"是美术领域与科学领域的结合。

2. 尊重幼儿的年龄特点

充分认识儿童艺术与其生理、心理特点的关系，强调任何艺术表现都必须遵循不同年龄阶段幼儿的生理和心理的特点与发展规律。比如从心理角度来说，幼儿观察和思维的特点影响着他们对周围事物的认知；从生理角度来说，画图、剪纸、折纸都牵涉幼儿小肌肉群的发育水平。

3. 支持与推动处在不同水平的幼儿均有所提高

教师要尊重幼儿之间的差异，采取改变内容、材料和表现方法等间接教育手段。在必须自己介入的情况下，应适可而止、留有余地，不追求即时效果。

三、教师需要处理好的三个关系

1. 美术活动区和主题的关系

这两者关系的关键点在于课程的核心价值取向。学科课程是以方法为主线，辅以内容，即将幼儿掌握知识与技能作为主要目标。这时我们会关注"孩子剪得怎么样"、"孩子画得怎么样"。主题课程是以内容为主线，辅以方法，即将幼儿对周围事物的体验（认知、情感与态度）作为主要目标。

> 比如，"猜谜语商店"、"我和朋友心连心"、"变大变小的伞"这三个活动都是按主题内容来划分的，呈现的方式是美术。"我和朋友心连心"是通过剪纸的方式呈现的，它让幼儿感受到朋友越多越好的真情实感。活动结束后，老师关注的是幼儿对社会性情感的体验，而不是剪纸剪得有多好、插爱心的样式有多丰富。"变大变小的伞"的呈现方式是画画，但活动的落脚点在于打破幼儿的固有思维（大就是大，小就是小），让幼儿体会到原来大小是会变的，是可以通过比较发现的。"猜谜语商店"的落脚点在于用语言清晰地表达观察对象的某些特征。

如果主题是当前幼儿共同感兴趣的内容，那么美术活动区的选材与主题相联系，必然能调动幼儿主动参与的积极性。

> 比如，运用主题中的名字来命名美术活动区，能使幼儿活动的动机从"老师让我做"变成"我喜欢做"。通过美术活动区，幼儿的水平在原有基础上均有所提升。

实例展示

中班主题"寒冷的冬天"

1. 要求

（1）初步了解冬季的季节特征，关注各种自然现象，愿意以各种方式参与冬季的节日活动。

（2）乐意尝试运用绘画、剪纸、折纸等方法，表现对冬季季节特征的感受，体验冬季生活的情景。

寒冷的冬天

2. 内容

（1）由树叶的变化切入主题，区别落叶树和常绿树。

当美丽的落叶树的树叶越来越少时，常绿树开始进入幼儿的视线，这正是帮助幼儿区别落叶树和常绿树的好时机。我们利用幼儿观察不同形状的常绿树树冠的机会，引导他们用对折剪纸的方法来表现出常绿树在冰天雪地的环境中也不怕冷的特点。

在冰天雪地里，常绿树还是不怕冷

（2）不怕冷的动物。

①给过冬动物喂食。我们让幼儿关注身边不怕冷的动物,用绘画的方式将不怕冷的动物找出来送进树林,并模拟为它们喂食。

在幼儿作品上覆上棋盘

②南极企鹅村。我们让幼儿知道企鹅生活在寒冷的极地以及它们能够在冰天雪地的环境中捕捉磷虾或鱼。幼儿在了解了这些知识后,用折纸企鹅来布置生活场景。

企鹅的生活场景

（3）新年快乐。

①装扮新年树。在众多常绿树中,松树因它的外形像高高的宝塔,所以被人们装扮成了新年树。幼儿尝试用大小不一的各式绿色方形手工纸,通过反复折叠双三角的方法来制作新年树。

通过叠双三角的方法来制作新年树

不怕冷的动物围在新年树的周围欢度节日

②新年树上小挂件。幼儿用折纸新年娃娃、彩泥制作各种新年小挂件并将它们挂在树上。在挂挂件的过程中,幼儿开始关注松树叶的特征——又硬又细,像一根根针一样。

将彩泥制作的各种小挂件挂在我们的新年树上

新年树上还有折纸新年娃娃,把新年树装扮得更热闹

③新年贺卡。幼儿运用涂色的方式制作小贺卡,送给家人的同时还可以给自己留一张。

新年贺卡

④企鹅村的新年。幼儿为企鹅装扮,还开起了冬季运动会。

在原有的折纸企鹅活动的基础上增添新年装饰,增加节日气氛

添加游戏场景,幼儿做好就能玩

⑤送给朋友的新年礼物。把自己制作的小挂件包进礼物盒里,等新年到来的时候放在一起交换礼物。

用抽签的方式交换礼物,让未知伴随着惊喜

（4）春节好。

①拜年娃娃来拜年。春节前,幼儿延续折纸的方法做新年娃娃并用它布置活动室;春节后利用拜年娃娃开展了拜年游戏。

拜年娃娃来拜年

春节过后，幼儿动手做个拜年娃娃互相拜年

　　②送红包。幼儿学剪各种各样的吉祥图案并放在红包里。在春节拜年时，他们可送出自己的红包。

运用对折剪的方法剪吉祥图案并放进红包里，春节拜年派上大用场

总结与思考

从以上主题活动可以看到，美术活动区在关注主题进程的同时，也要遵循幼儿艺术表现能力发展的轨迹，不断将现在的活动和已经做过的活动联系起来。例如：剪树叶到剪树冠在方法上的迁移；剪"平平安安"的瓶子和剪树在方法上的联系。

现在做的和之前做的方法之间的线索联系

树和瓶子除了在剪法上有联系外，在形状上也有联系（将瓶子倒过来就是树）。教师不要将答案直接告诉幼儿，而应引导他们主动发现两者之间的关系，幼儿会觉得是自己发现的，而不是教师教的，这能成为他们主动迁移已有经验的动力。引导方法：教师可以先向幼儿展示瓶子，然后旋转瓶子，当将瓶子倒过来的时候，幼儿自然而然会联系到之前剪的树。

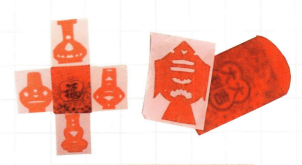

现在做的几个方法之间的线索联系

从小班的小宝宝到中班的挂件娃娃直至拜年娃娃，都存在着内在的联系和线索，这能给幼儿创造一个联系已有经验、尝试新的内容、不断创造表现的机会。

中班和小班做的内容之间的线索联系

瓶子、鱼和灯笼都是祝福语，它们在内容上是有联系的。我们除了关注它们在内容上的关系之外，还需要注意方法上的举一反三。

教师在教幼儿剪纸的时候要尊重他们的年龄特点。比如在教幼儿剪灯笼的时候，有的教师会抽象地教：先剪横线，再剪直线，然后剪弧线等。幼儿很难理解这样抽象的线条和实物之间的关系，我们不妨这样说：先剪灯笼的手提，再剪灯笼的盖子，然后剪灯笼的罩子……幼儿一下子就明白了。

中班下学期和中班上学期做的内容之间的线索联系

2. 集体教学和活动区的关系

幼儿园的学习活动一般通过集体教学、个别（活动区）、小组学习等形式进行，这些学习形式具有各不相同的优势。集体教学用于新的或需要共同分享经验的学习内容；活动区用于可以持续开展的、自主探索表现的学习内容；小组学习用于需要共同完成或限于特定的材料和方法的只能通过小组开展的活动。教师应按幼儿的学习需要将以上三种学习方式进行联系和整合，发挥它们各自的优势，做到互相推动，从而提高教学效益。另外要补充的是，集体教学的开展没有固定的时段，它在活动区活动的任何环节都可开展，即有需要了便可进行。

实例展示

小班主题"白天和夜晚"

1. 要求

（1）区分白天和夜晚，了解人们白天和晚上都会做哪些事情。

（2）有观察太阳、月亮的兴趣，乐于用符号大胆表现生活情境。

太阳

月亮

2. 内容

（1）太阳和月亮。

教师在活动室里创设了太阳和月亮两个活动场景，发现幼儿将之前的主题（如：花儿朵朵、动物花花衣、小鸭过桥等）都放到"太阳"底下玩了起来，使得"太阳"底下的活动十分丰富。

动物花花衣

鱼儿游来了

鸭子过桥

太阳底下的活动

可在"月亮"的活动区域里,幼儿却是一股脑儿地挤在床上睡觉。由此,教师发现幼儿对夜晚的认知经验不足,于是便以"月亮升起后只能睡觉吗"这个问题来引入活动。

(2)晚上在家做什么。

教师创设了"晚上在家做什么"的环境,收集了部分幼儿的家庭生活照,启发幼儿产生联想,并将想象的画面贴进"窗"内。之后,教师又及时联系画面内容为幼儿提供了相关的玩具。渐渐地,晚上的活动内容开始增多了,有吃晚饭、打扫、洗脸、刷牙、洗澡等。

吃晚饭

洗澡

晚上在家的生活情境

（3）集体教学活动"月亮姐姐"。

由于活动区不可能做到人人参加，因此为了能面向全体幼儿，引起更多幼儿的关注，教师及时开展了集体教学活动"月亮姐姐"。教师在活动中引导幼儿相互交流，由此生成了许多新的内容。活动后，教师再次根据这些新内容投放玩具，于是引发了新的活动内容，如：给宠物洗澡、喷花露水、换睡衣等。

集体教学活动后生成的新内容（给宠物洗澡）

集体教学后，参与"月亮"活动区的幼儿多了起来，同时新的活动内容还在不断出现，如换拖鞋等。主题结束时恰逢"六一"儿童节，每个幼儿都高高兴兴地带着自己做的拖鞋回家去了。

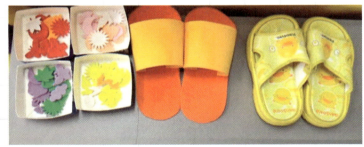

在"月亮"活动区换拖鞋

总结与思考

"月亮姐姐"是在活动区活动开展到一定时段进行的集体教学活动,以引起所有幼儿的关注。在分享同伴的经验、变个体为群体经验的过程中,让每一位幼儿都得到运用涂鸦符号表现自己体验的机会。这样不仅能进一步丰富活动内容,也能使更多的幼儿参与到活动中来。

活动区中产生了更加丰富的内容

当教师发现部分幼儿一直都不进入这个活动区活动时,及时地开展了集体教学活动。通过集体教学活动,使已有该活动区经验的幼儿成功地调动起了其他幼儿的积极性和创造力。在集体教学活动之后,活动区的内容更加丰富了,幼儿也更有兴趣参与了。

"不怕冷的树"是在活动区开展起始阶段就进行的一次集体教学活动。在教师的直接引导下,幼儿共同剪出不同形状的常绿树,并尝试更有难度的新方法,为后继对称剪纸能力的提高创造了条件。

雪中的树

为什么这个集体教学活动在活动区活动伊始就进行?理由是虽然中班幼儿对于对称剪纸已不陌生,但是如果要做成雪中树就需要他们把剪好的树再剪开,这样难度便增加了,需要幼儿具备较好的空间判断能力,这对中班的幼儿来说具有挑战性。

当然也有许多内容无须开展集体教学活动,如:做拖鞋、剪灯笼等。幼儿之前已经接触过类似的方法,活动区更是为幼儿创造了举一反三、内化提升的机会。

"做拖鞋"为什么不进行集体教学活动呢? 原因1:这一活动并没有需要全体幼儿共同来分享和思考的探索点。原因2:"进入该活动区要穿拖鞋"变成了幼儿约定俗成的常规,他们无须教师提醒就会自发地制作各自的拖鞋。因此,类似这样既不需要共同思考,也不要教师提醒的活动内容,就无须进行集体教学活动。

3. 把握学习内容与探索发现的关系

第一,必须遵循教育规律,按照适度新颖的原则,将幼儿现有的学习内容和已有的学习内容建立联系,每提出一个要求都应考虑:以前做了什么、现在做什么、以后做什么,并为幼儿提供探索新的问题的线索,做到承上启下、温故而知新。不要把教学活动孤立起来,更不要为了达到一次教学活动的效果去做无谓的铺垫。

第二,要给幼儿探索的时间和空间,要在幼儿探索过程中认真观察和思考,更要善于发现幼儿不同于教师的想法和做法,适时反思自己的预设,积极给予回应。教师不要不顾幼儿的想法,用小结的方式直接将结论灌输给幼儿。

幼儿探索的过程是最精彩的,教师要注意观察、发现幼儿的创造性行为,积极鼓励,及时分享,比如在"猜谜语商店"的活动过程中,幼儿的捏、揉、搓等动作就是属于他们自己的创造性行为。

实例展示

大班主题"我的动物朋友"

1. 要求

(1)了解动物之间、动物与环境、人和动物之间的相互依存关系。

(2)运用绘画的方式表现各种空间关系,萌发关爱动物的情感。

2. 内容

(1)给动物起名字。

通过诺贝尔文学奖获奖者鲍勃·迪伦为幼儿创作的图画书《人为百兽命名》导入,以幼儿熟悉的动物作为切入口，引导幼儿根据歌曲的节奏将歌词替换成自己熟悉的三个动物，画一画并放在一起，然后在三个动物中任选一个编成谜语，互相猜一猜各自编的动物是哪一个。随着游戏的开展，幼儿对动物的认识越来越丰富，以前不怎么关注的动物也出现在其中了。

《人为百兽命名》歌词
很久以前动物没名字，没名字，没有名字，
人开始给动物起名字，起名字，起个名字。
他看见一个动物高又壮，毛茸茸的爪子厚皮毛，
整天咆哮"嗷嗷"叫。哦！给它起个名字叫——熊。
现在还有动物没名字，没名字，没有名字，
人继续给动物起名字，起名字，起个名字。

（注：幼儿将自己喜欢的小动物编入中间那段歌词）

幼儿编的歌词（1）

很久以前动物没名字，没名字，没有名字，
人开始给动物起名字，起名字，起个名字。
他看见一个动物。
伸长脖子，挺起胸膛。喔喔喔喔，高声歌唱。
大人小孩，快快起床！
哦！给它起个名字叫——公鸡。
现在还有动物没名字，没名字，没有名字，
人继续给动物起名字，起名字，起个名字。

很久以前动物没名字，没名字，没有名字，
人开始给动物起名字，起名字，起个名字。
他看见一个动物。
黑衣黑帽白肚皮，爱吃磷虾和鱿鱼，
长着翅膀不会飞，走来走去摇又摆。
哦！给它起个名字叫——企鹅。
现在还有动物没名字，没名字，没有名字，
人继续给动物起名字，起名字，起个名字。

幼儿编的歌词（2）

（2）动物的家园。

在活动区里布置模拟动物家园的场景（如：高山、河流、平原、森林等），引发幼儿思考这些动物的家园在什么地方，并让幼儿将自己画的各种动物"住"进适合的地方，再现动物们自由自在生活的情景。

幼儿让动物"住"进家

教师提供的纸

与此同时,教师给幼儿欣赏卢梭的作品并为他们提供了一张和欣赏材料很吻合的布满丛林的纸,开展了一次集体教学活动"野生动物家园"。幼儿尝试着去"省略"看不见的部分,画出藏进密林中的动物,表现动物不喜欢被打扰的生活方式。

幼儿作品

（3）拥抱。

当把所有的动物都送回家园以后，幼儿又因不能直接接触某些动物而纠结。教师提供了几幅几米的作品供幼儿欣赏，引导幼儿用"互相留个地方"的方式表现和动物朋友拥抱的情景，再用为自己的作品编诗歌的方式抒发爱动物的情感。

丹顶鹤我爱你！
你现在有好朋友了吗？
我很想做你的好朋友！
我会天天想着你，
在心里抱着你！

幼儿通过绘画抒发自己爱动物的情感

（4）寻找珍稀动物。

此时，第一阶段活动中幼儿学唱的歌曲还在他们耳边回响——现在还有动物没名字。幼儿再次欣赏卢梭作品的感受和刚开始会大有不同。他们最初只在意丛林，现在他们更关注画中的动物，这些动物既不像猴子也不像人，也许就是目前还没有被发现的珍稀动物吧！

由此，幼儿被激发出探索的兴趣，故事《寻找九色鹿》满足了他们进一步探索的需要。幼儿以剪纸的方法再现寻找九色鹿的情景，表达出只要我们不断探索，总有一天会发现新的动物朋友的愿景。

幼儿心中的九色鹿

总结与思考

在这个探索人与动物关系的主题中,幼儿在对画面进行安排的过程中探索各种空间的关系。从怎样在三个动物的粘贴中思考他们之间的前后位置,到在已有丛林的画面上画上忽隐忽现的动物,再到画出和动物拥抱,从中可以看出幼儿正逐步把握表现图像间先后关系的方法。教师也发现经由幼儿自主探索得出的结论和成人思维截然不同。在幼儿的解释中没有诸如"构图"、"前后关系"、"遮挡"、"透视"等概念,而是更为具体形象的如"好朋友挤在一起真开心"、"动物在丛林里,有的地方看见一半,就把看见的地方画出来,看不见的地方不画"、"我要和动物做朋友,在抱你的时候就要留一个地方给你抱"等幼儿容易理解的话。

好朋友挤在一起真开心

把看见的地方画出来,看不见的地方不画

我要和动物做朋友,在抱你的时候就要留一个地方给你抱

综上所述,活动区既不是未达成某一预想效果的铺垫,也不是不断重复已有经验的复习巩固,而是伴随着操作与思考,通过不断尝试、分享体验、形成新的经验,从而提高创造表现能力的过程。

第二讲

如何处理美术活动区与集体教学活动的关系

活动2-1 小猫在哪里（小班）

执教教师：刘 颖

小猫纸偶

一、要求

（1）尝试运用对角折叠的方法制作纸偶小猫。

（2）利用纸偶来扮作小猫并分辨方位，玩"小猫在哪里"的游戏。

二、流程

活动内容源自《奶奶和小猫》的故事。活动中除了设有引导幼儿分辨方位的教学游戏外，我们还对该游戏进行了拓展，即引导幼儿自制小猫，加深幼儿的角色意识，提高他们参与躲藏游戏的兴趣。本活动一共经历了四个阶段。

第一阶段：阅读故事《奶奶和小猫》

我们选择了图画故事书《奶奶和小猫》，故事说的是：

奶奶家养了三只猫，它们是小白猫、小花猫和小黑猫。一天，小猫趁奶奶外出的时候躲藏了起来。奶奶回到家后，在多处地方找到了自己心爱的小猫。

优美的画面提升了幼儿分辨方位的兴趣。此外，我在讲述故事时，又注入了三句简短的对话：

师："小猫小猫在哪里？"

幼："我在××。"（说出躲藏的地方）

师："藏在××的小猫快出来。"

我将这三句对话贯穿始终，使幼儿不断体验奶奶和小猫之间的温情。

幼儿阅读图画故事书

"找小猫"的游戏

第二阶段：开展"找小猫"的游戏

在幼儿熟悉了故事情节之后，我们将故事情境延伸到了活动室。我们利用桌椅、平面布景、帐篷等材料，和幼儿一起身临其境地玩起了"找小猫"的游戏，这是个类似"躲猫猫"的游戏。在游戏中，教师扮作奶奶，幼儿扮作小猫，由教师来找躲藏起来的幼儿，并将故事中的三句简短对话作为游戏情境的一部分，让幼儿在游戏中自然而然地说出下面、里面、旁边、后面等方位词。

第三阶段：制作小猫，开展游戏

教师引导幼儿制作小猫玩偶纸袋，让幼儿将完成的纸袋套在手上（装扮成小猫），以此进一步加强游戏的情境性，提高幼儿参与游戏的兴趣。在之后的活动中，教师还会多次更换小猫躲藏的场景，继续提高幼儿参与游戏的积极性。

◎ 材料准备

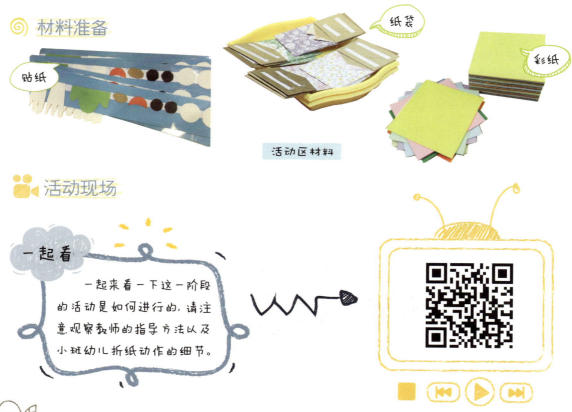

贴纸

纸袋

彩纸

活动区材料

活动现场

一起看

一起来看一下这一阶段的活动是如何进行的，请注意观察教师的指导方法以及小班幼儿折纸动作的细节。

1. 活动区环境

活动区全景

2. 活动过程

（1）从之前的故事情境导入本次活动。参考指导语如下：

师：小朋友们（指着《奶奶和小猫》的图片），这是奶奶和她的小猫们，你们最喜欢玩什么游戏呀？

幼：躲猫猫。

引导幼儿回忆起之前玩的躲猫猫游戏

TiPS

小班活动对情境的要求较高，教师可尽量运用《奶奶和小猫》中的角色来对他们进行暗示，例如将制作小猫纸袋的区角当成猫窝，幼儿就是小猫，教师就是奶奶。

（2）教师示范折小猫的方法。需要注意的是，教师在指导压平折边的折纸要点时，第一次可通过演示的方式，尽可能在桌面这一平面上完成，使幼儿了解折叠的方位和步骤，切记不可在过程中将折纸举起反转，第二次开始可以鼓励幼儿自己尝试寻找折边处。

第一次：教师示范

第二次：让幼儿尝试寻找折边

TiPS

　　在演示折纸方法的过程中，教师往往比较注重示范步骤，从而忽略每折一步后的基本动作——**压平折边**。有时教师虽然提醒了幼儿，但却会比较随意，比如只说"压压平"，这样的指导缺乏指向性，幼儿可能会不知道在哪里压平。折纸步骤越复杂，压平折边就越重要。在集中一角折后，教师可以让幼儿找一下"翘起来"的地方，告诉幼儿这里就是需要压平的地方。

　　另外，教师在指导幼儿折纸的过程中，不要出现"往上折"这种抽象的指导语，而是应该通过"耳朵竖起来"这样具体形象的语言来引导幼儿。

一起做

我们也一起来折一折可爱的小猫吧！

折小猫的步骤

　　（3）教师提供彩纸，幼儿折叠小猫。教师可将幼儿压平折边后的纸放在桌上进行比较，让幼儿互相看看谁的纸还在往上翘。

幼儿折小猫

（4）教师提供五官材料条,幼儿贴小猫的五官。

TiPS

　　教师可将所有五官材料都有序地排列在长条形的底板上,这样能让幼儿一目了然,不容易出现漏贴的情况。

幼儿粘贴小猫的五官

（5）教师提供纸袋,幼儿将小猫贴在纸袋上。

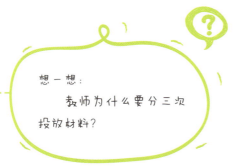

想一想:
　　教师为什么要分三次投放材料?

幼儿将小猫贴在纸袋上

（6）教师和幼儿一起玩躲猫猫的游戏。在开始游戏之前,教师必须向幼儿说明游戏规则:轻轻关门(站起把椅子放好),轻轻出门,轻轻躲藏;躲藏时应尽可能躲在不同的环境中。

教师和幼儿一起玩躲猫猫的游戏

TiPS

　　如果教师在说明游戏规则后就直接开始游戏,很可能出现幼儿一窝蜂地躲到同一个地方的情况。那么,如何有效引导幼儿遵守教师提出的游戏规则呢?

　　对于小班幼儿而言,教师先不要着急开始游戏,可以先请个别幼儿躲藏,让其他幼儿观察他们是怎样按规则行动的,这种同伴的榜样作用有利于小班幼儿直观地学习和感受。比如在本活动中,我对第二个躲藏的幼儿说:“请你换一个地方躲好吗?”这样就向幼儿暗示了四个地方都能躲。

　　如果是中班的幼儿,教师就不必如此,可以直接提出规则要求。对于大班的幼儿而言,教师甚至可以让他们自主商讨游戏规则。

　　在活动区中,教师的参与通常会比较少。但在第三阶段的第一次活动中,教师却非常细致地指导幼儿,这是为了让幼儿能在之后的活动中自主游戏、举一反三(做小狗、娃娃等)打好基础。

3. 观察与引导

虽然幼儿都是一起看教师演示的,但他们压平折边的方式会有所不同。

每个幼儿的能力是有差异的。如果教师发现有幼儿在寻找折边上出现困难,可以先帮他拉出一小部分折边,剩下的让幼儿自己完成。

有的幼儿虽然找到了折边，但没有压平。这时候教师就可以将这只小猫展示给其他幼儿一起看，让他们说说为什么折纸小猫的耳朵会翘起来，一起分享经验。

有的幼儿将小猫脑袋上的"刘海"贴得比较高，也有的将"刘海"往上翻，还有的将"刘海"反过来向上贴，怕遮住小猫的眼睛，这是因为小班幼儿的空间布局能力较弱，将小猫的眼睛贴得太靠上了。教师可适时引导幼儿对照图像来调整。

4. 幼儿作品

小猫玩偶纸袋

第四阶段:开展"动物宝宝在哪里"的桌面游戏

在幼儿已经掌握猫脑袋的折叠方法以后,我又不失时机地教幼儿折叠狗脑袋、猪脑袋、娃娃脑袋等,将这一游戏移到桌面进行。在桌面游戏中,幼儿能更为灵活地用自己折叠的动物进行躲藏和寻找,对方位词的运用也能更丰富(如:躲在树上、围墙边等)。幼儿以不同的情境开展找朋友的游戏,在玩法和折法上也能做到举一反三。

"动物宝宝在哪里"的桌面游戏

一起做

我们也一起来折一折可爱的小狗和娃娃吧!

小狗和娃娃

TiPS

娃娃脑袋的折法虽然与猫、狗的相似,但其中有一步是需要幼儿将纸进行翻转的,这对小班幼儿来说是个挑战。

三、感悟

随着活动的推进,我最大的体会是:要让一个活动能顺利开展,无论是活动前的设计,还是活动过程中的回应,都必须建立在深入了解幼儿特点的基础上。就这一活动区而言,具体体现在以下三个方面:

1. "小猫躲在哪里"要顺应幼儿的兴趣，因势利导

在幼儿第一次玩"找小猫"的游戏时，我们为了尽可能多地将方位词融入环境而创设了大树、桌子、橱柜和房子这四个可以躲藏的地方，结果幼儿一窝蜂地钻进了小房子，差一点儿将房子推倒。事后我们进行了讨论，并制定了两种调整方案：一是取消房子环境；二是制定屋子里只能躲藏三位朋友的规则。经过不断反思，我们发现喜欢躲藏是幼儿的特点，房子是能让他们真正躲起来的环境，我们应该做的是顺应幼儿的天性，积极地给予支持。因此，我们决定保留房子环境，又增加了几种能让幼儿真正躲进去的躲藏环境。而且，环境不是一成不变的，在幼儿得到充分满足的基础上，还需要我们采取一些方法来引导幼儿变换躲藏的地点，比如教师可以说："上次小猫就是躲在房子里的，这次一定也躲在这里，我先找房子。"或者先将躲在房子里的小猫找出来，这样幼儿就会自发地更换躲藏地点。另外，教师也可以采取增加新的躲藏点的方法，使幼儿不断改变躲藏的地方，从而提高分辨方位的能力。

现在的躲藏环境

2. 调整折纸步骤，以符合小班幼儿的思维特点

折叠猫脑袋的方法来自现有的折纸书，我们可将折纸的步骤分解为对角折、再对角折等五个步骤。如果按照这样的折纸步骤，小班幼儿可能折到一半就会因步骤多、方位变化复杂而无所适从，幼儿会折一下就问教师"再怎么折呀"，而教师插入式的教学，又会打乱幼儿折叠的过程，也会使他们产生对教师的依赖性。为了解决这样的问题，我们经过对原有折纸步骤的分析发现：并不是折纸方法复杂，而是折纸步骤被分解得过细，不符合小班幼儿的思维缺乏条理性的特点。为此，我们把折纸步骤由原来的五步简化为"在一个平面上集中一角折两次"、"三个角都往上折"这两步，幼儿一下子就掌握了方法，再也无须教师帮忙了。

3. 活动区中，教师需要考虑对幼儿综合能力的培养

（1）提高语言表达能力。此活动源于故事，我们在故事、游戏中始终关注幼儿是否能自如地使用对话语言、运用较为准确的方位词和清晰地表达。

（2）空间知觉。幼儿在躲猫猫的游戏中，通过不断地躲和藏来感受自己与物体的关系，这是对空间知觉的培养。

（3）逻辑思维。幼儿运用彩纸制作手偶，开始关注步骤和先后顺序，有助于有条理地做事能力的提升。

（4）艺术和创造能力。在整个过程中，幼儿的纸袋（动物衣服）是他们自己贴、剪、折（翻衣领）的，纸袋上的图案是他们自己涂鸦的。此外，他们还在口袋、纽扣处贴上各种装饰纸，按照自己的兴趣和意愿创造各种造型，这是在潜移默化地培养幼儿的艺术表现力。

教师必须根据整个活动区的线索，为幼儿提供更多元的学习机会，让他们能得到更大的收获。

读书手记

活动2-2　小苗苗快快长（中班）

执教教师：马叶佳

一、要求

（1）有兴趣观察根茎植物发芽生长的过程，体验不同植物生长的特性。

（2）尝试按照自己的观察，将造型土调和成对应的颜色，与其他材料结合，表现观察对象的根、茎、叶的模样。

二、过程

春天是万物生长的季节，逐渐上升的温度以及充足的阳光、雨水，让我们身边的花草树木从冬天的沉寂里慢慢苏醒并舒展开来。中班自然角增加了水养的土豆、芋艿等根茎类植物，这些大都是幼儿餐桌上常见的食物。这类植物被养在水里时，十分便于幼儿观察。幼儿在参与照顾植物的过程中，获得了充分接触植物的机会。在幼儿盼望这些根茎植物发芽抽枝，想象着它们会长成什么样时，我们一起阅读了图画书《咚嘟咕咚》。由于图画书中的植物大都与自然角中的雷同，幼儿在阅读的过程中倍感亲切。受图画书中对根茎类植物独特、有趣的表达方式的启发，我们拓展了对观察记录原有模式的思路，历经四个阶段逐步展开。

第一阶段：对照自然角阅读图画书

图画书《咚嘟咕咚》不同于一般的图画书，它是采用让幼儿"观察画面的上半部—猜一猜是什么植物—打开完整画面证实"的方式来编排页面的。幼儿在阅读中边看边猜边议论，发现书中很多植物就在他们的自然角里，这使他们初步了解了根茎类植物在地上和地下的不同的生长形态，从而引发他们观察根茎类植物的兴趣。幼儿还发现目前养在水里的这些根茎类植物和图画书里的样子相距甚远，多了一份让自然角里的植物也能长成和书中一般模样的期待。

先出现图片的上半部分，翻页后才能看到完整图片

幼儿将植物角的植物与书里图片中的植物作比较

第二阶段：观察记录初体验

在自然角的根茎类植物中，除了教师初始提供的土豆和芋艿外，又逐步增加了生姜、山芋、百合、红萝卜、胡萝卜等成员。我们就以贴照片组队的方式让幼儿自主报名参与，分工照顾不同种类的植物，并轮流承担为植物清洗、换水、晒太阳等任务。

组队照顾植物

在幼儿照顾了植物一段时间后，我们建议他们向图画书的作者学习，画出这些植物。这里提出的向作者学习，并不是模仿图画书上的植物，而是像作者一样仔细去观察，然后画出我们眼里所看到的植物，对照的不是书里的画面，而是自己养的植物。从幼儿的记录中可以看到，他们画出的植物和图画书里的是有差异的。正因为有这样的差异，才激发起了他们的好奇心：我们的植物现在有哪些地方和书里的很像，哪些地方又不太一样呢？以后又会长成什么样呢？

红薯组的记录　　　　红萝卜组的记录　　　　胡萝卜组的记录　　　　芋艿组的记录

我们也发现，在芋艿组幼儿的记录里，芋艿长着不少叶子，而实际上幼儿种的芋艿是光秃秃的，这是怎么回事呢？原来这一组幼儿在记录的时候看到其他组的植物都长出了叶子，心里很着急，但是又不知道芋艿的叶子是什么样的，便模仿着书里的芋艿叶子画了一些。我们可以理解芋艿组的幼儿，他们非常希望自己的芋艿也能快快长出美丽的叶子，这些添加的叶子传递出了他们的一种美好愿望。但这样一来，幼儿所画的和他们实际观察到的就会有一些差距，这一现象的出现促使我们进一步去思考，即如何打破观察记录的固有方式。这就形成了之后运用造型土表现的想法。

第三阶段：开启我们的《咚嘟咕咚》观察记录

随着天气渐暖，这些根茎植物也迅速地发生了变化，而且长势各不相同。受到《咚嘟咕咚》的启发，我们试着改变原来的记录方式，将造型土作为表现根茎部的材料。我们根据基本色和添加色的比例为幼儿提供了大、中、小不同规格的泥团，并借鉴了图画书的样式，为幼儿提供了一半是泥土（代表地下）、一半是天空（代表地上）的双色记录纸。根茎类植物在生长后期还是需要移植到泥土里，这样才能生长得更好，现在暂且养在水里是为了便于幼儿观察根须的形态。幼儿可以结合后续的观察，在记录纸上半部分的空白处不断添加内容。本阶段的活动主要是以表现根茎为主，至于叶子生长方面的表现不必局限于一次完成。

想一想：

为什么要准备不同规格的造型土？例如，为什么要准备大号的黄色土、中号的咖啡色土和小号的白色土？这其中有什么讲究吗？

材料准备

各色造型土

记录纸

不同深浅的绿色水彩笔

活动区材料

Tips

考虑到部分植物已经长出了叶子，幼儿可能需要在记录纸上画叶子，因此教师还需要准备一些深浅各异的绿色水彩笔。

🎥 **活动现场**

一起看

我们一起来看一下整个活动的现场视频吧！

1. 活动区环境

幼儿之前绘制的植物

活动区全景

2. 活动过程

（1）引导幼儿观察自己养护的植物和绘制的观察记录是否有区别。

幼儿观察自己养护的植物与绘制的植物的区别

（2）教师介绍材料，引导幼儿观察现有的造型土的颜色和实物的区别，提出问题：如何将现有颜色调和成我们需要的颜色。当幼儿发现造型土的本色和植物的实际颜色不像的时候，他们看着材料就说要加白色，说明他们对颜色深浅变化的经验是不足的，这时教师就要追问："加了白色以后颜色会变深还是变浅？"然后再让幼儿对照实物看看，引发幼儿思考：要想颜色变得接近实物，是要变深还是变浅呢？那么加哪个颜色更合适？结果会不会和我们想的一样？接着就要鼓励幼儿动手来试一试，去直观地感受颜色的变化。

教师可以让"造型土小达人"示范操作方法，其他幼儿学着做，从而发挥同伴间互相学习借鉴的作用。

TiPS

由于造型土可以混色又可团捏压揉，还能通过不断添加其他颜色来改变原来的颜色，这些特点都为幼儿观察表现创造了有利条件。基于中班幼儿运用造型土的已有经验，我们发现不同个体有关"混色"的经验差异较大。在玩"猜谜语商店"的时候，我们发现有的幼儿在表现时已经出现"混色"的操作，于是就捕捉到这个闪光点，请来两个"混色达人"为大家演示，他们揉泥的方法要比教师想到的更丰富。幼儿在做这些动作的时候可能是无意识的，但是教师要敏锐地捕捉到幼儿的创造性表现，及时地梳理归纳，将个体经验进行共享。当幼儿的方法被同伴认可接受的时候，他们会觉得非常的快乐，有一种被同伴接纳的成就感，这是非常好的社会性情感体验。"混色"对幼儿来说是一个新的方法，当幼儿看到自己的朋友能想出许多让颜色混在一起的方法时，他们就觉得自己也一定能想出更多的办法。由此可见，不是每个新方法都需要教师来教的。

分享"混色"经验

（3）幼儿将自己选择的植物观察对象放于面前，利用造型土制作。幼儿在操作的过程中，教师可以引导他们仔细地观察植物。

Tips

在进行第三阶段的活动时,萝卜的叶子已经长出来了,非常漂亮,但是芍药和百合还不太好看,这就出现了芍药只有一名幼儿选择和百合根本没有幼儿选的情况。这个时候,教师不必勉强幼儿挑选没人选择的植物,因为随着这些植物的继续生长,叶子会变得很漂亮,届时自然会有幼儿选择。

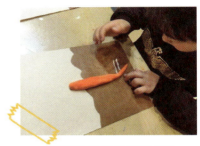

利用造型土制作植物

（4）有的植物已经长出叶子了,教师可以引导幼儿观察叶子的颜色,选择不同深浅的绿色水彩笔来绘制叶子。

引导幼儿观察叶子的颜色

幼儿绘制叶子

（5）幼儿将自己的作品贴在观察记录板上。

一起做

我们也来选择一种植物,再利用两种颜色,一起来试试混色吧!想想我们自己会运用到哪些混色方法呢?

幼儿粘贴作品

3. 观察与引导

幼儿会轻轻按拍造型土，这样就不会把土压得太薄。

为了将萝卜固定在底板纸上，幼儿轻轻地、小心翼翼地"拍打"着萝卜。

幼儿双手并用地将造型土揉圆。

幼儿用食指和拇指将造型土搓成细长条形，以此制作植物的根须。

在做观察记录的时候，幼儿已经养成一个习惯，即：不是记录自己脑子里对植物的印象，而是面对观察对象来记录，所以他们总是会把植物拿到自己的身边来做记录，以便不断地观察。有个小女孩在观察的时候发现罐子里有好几个小芋荠，于是她将混好颜色的大泥团分成了四个小的泥团。接着她又观察到芋荠有许多弯弯曲曲的根须，她每搓一根根须会先看一看再贴上，然后用深浅两种绿色表现叶子，有的用涂染，有的画轮廓线，有的画成图案，记录过程既专注又仔细。

4. 幼儿作品

芋荠

红萝卜

胡萝卜

第四阶段：我们的《咚嘟咕咚》就是不一样

从幼儿的作品中可以看到许多很有意思的表现，比如在同一个画面里，无论是地下的根须，还是地面上的枝叶，都是非常饱满茂盛的，且不同的根茎植物还种在了同一块地里，这些在我们成人的世界里是不科学的。但是在幼儿的眼里，植物和植物是好朋友，它们要相亲相爱在一起，这样又热闹又好看。这些观察记录的精彩程度不亚于图画书，在幼儿的提议下，我们将观察记录做成了一本比《咚嘟咕咚》更好看的半立体书。

我们的《咚嘟咕咚》

三、感悟

"小苗苗快快长"不仅仅是一个美术活动区的活动，我们觉得它更多的是对幼儿园观察记录的一次新的尝试。伴随着这一活动区的进程，我们对幼儿的观察记录有了许多新的感悟。

想一想：
过程式记录是不是优于结果式记录呢？

1. 观察记录可以记录结果，也可以记录过程

将幼儿第一次和第二次的观察记录方法作比较可以发现：第一次是结果式记录，如果观察对象发生变化，就要重新记录一遍，这也是我们常用的方法；第二次是过程式记录，就是随着观察对象的变化逐步添加新的内容，这就是我们在第三、第四阶段采用的方法。幼儿的观察记录没有"来不及完成"之说，而是只有"未完待续"。在这次的活动区里，幼儿主要关注和表现的是植物的根茎部分，呈现的观察记录是植物生长过程中的一个阶段。因为春天才刚刚来到，有些植物目前只长出了嫩芽，有的枝叶还又短又细，植物的生长还在继续。当植物的茎叶逐步粗壮繁茂起来，原来的块茎也会逐渐消失，只留下白色的根须。活动区的观察记录是伴随植物的生长变化逐步丰富起来的，在幼儿的观察记录里留下的是植物生长过程中每个阶段最繁茂的样子。

结果式记录

过程式记录

随着观察对象的变化而变化

结果式记录和过程式记录

2. 观察记录可以记录形，也可以记录色

以前我们大都让幼儿用单色水笔做观察记录，这样的记录方式在记录所观察对象的形态上十分实用，但是无法表现观察对象的颜色。这次，我们采用造型土这一材料来记录植物的根茎，着重在记录观察对象的颜色上。我们引导幼儿通过观察造型土和真实植物颜色上的明显差异来有目的地选择基本色和添加色，尝试将两种颜色混合成自己需要的颜色。这样的记录形式不仅提高了幼儿对颜色的敏感度，而且也让幼儿在尝试团、拉、捏、压等动作中，锻炼了手部肌肉动作的灵活性和力度。观察记录不应拘泥于某一种工具，我们应该根据观察对象的特点（如是重形还是重色）来选择不同的工具或材料。比如：我们用造型土可以同时表现根茎植物的颜色和形状；胡萝卜叶子很细，用彩色水笔更易于表现；粗壮些的叶子可以用油画棒来表现；芋艿的叶子大大的，可以通过将彩纸重叠剪出好几片叶子，再将它们贴起来的方式来表现，这样又快又好看。活动伊始，教师可以提供这些不同的工具和材料。当幼儿积累一定经验的时候，他们就会自主选择，还会想出更多的表现方法。

单色水笔（重形态）　　造型土（重颜色）

3. 观察记录要有美感,既可以写实也可以注入想象

观察记录可以表现出幼儿对观察对象的认知情况,也能表现出幼儿的态度和情感。从后续幼儿通过观察进行自主表现的情况来看,幼儿在没有教师示范的时候完全有能力表现植物的外形,并且更加大胆且充满表现力。就浮雕式的记录画面来说,其中有夸张、有想象,这些非但不妨碍幼儿的观察,而且能使幼儿更为生动、形象地表现,这些都是成人所不及的。例如: 用向里或向外推挤、补上或扯掉一小块等方法不断调整根茎植物的形状轮廓;用搓细长条、捻小圆点等已有经验,通过大小、方向的不同组合来表现表皮上的花纹和细节。我们成人做观察记录是抽象思维占主导,会刻意追求写实感和逼真性,但是幼儿不同,他们是具体形象思维占主导的。最让我们印象深刻的就是那个做土豆的男孩,刚开始观察时,他对土豆上一个个突出的嫩芽产生了极大的兴趣,在操作时热衷于表现这一形态,而且越做越觉得好看又好玩,激起了更强烈的创造愿望,因此他不断地添加和改变,使原先的嫩芽经过艺术夸张呈现出不可思议的美,堪比日本草间弥生的波点南瓜。之前我们一直觉得,观察记录要忠实于观察的对象,但是我们不能忘记这是幼儿的观察,幼儿看到的并不是成人眼里的世界,我们不能用成人观察的视角去限制他们的观察,而且幼儿的观察里还寄托着他们的想象。作为教师,我们切不可只在美术活动中鼓励幼儿想象,而在幼儿做观察记录时,又以忠实观察对象的形态为理由,以成人的标准,用像和不像来评价观察记录的优劣,这样会阻碍幼儿的想象和创造。幼儿的科学活动就是让他们能不断地发现和"发明",而不是重复已有的经验,教师应鼓励幼儿大胆想象。

土豆+幼儿想象=不可思议的美

活动2-3 自编图画书（大班）

执教教师：陆　波

一、要求

（1）有兴趣开展自编图画书的活动，利用已有经验探索自制图画书的多种形式。

（2）尝试与同伴合作共同完成制作，并利用自制图画书开展各种有趣的阅读活动。

二、流程

现在大多数的幼儿园都有图书角，而且幼儿都非常喜欢在此阅读，大班幼儿还喜欢尝试着在图书角内自编图画书，但大部分幼儿都是重复现成图画书的样式。由此引发了我们的思考：是不是可以创造更多的样式来激发幼儿自编图画书的兴趣呢？为此我们开展了对美术活动区"自编图画书"的探索与研究，引导幼儿以多种方式制作图画书，提高幼儿阅读、讲述、开展故事表演的兴趣。我们通过三个阶段制作了不同样式的图画书。

第一阶段：折纸图画书《猴子捞月亮》（样式一）

我们首先选取了《猴子捞月亮》这个幼儿非常感兴趣的故事。在幼儿熟悉故事的内容以后，便开启了第一本自编图画书的活动。经过讨论，幼儿发现这个故事发生在井边的树林里，场景始终没有变化，角色就是大大小小的猴子，也没有变化，变化的就是猴子的位置。于是，我们和幼儿共同商量决定做一本立体折纸书。

由教师制作树干，幼儿剪树上的叶子，教师制作立体的井，幼儿制作树木花草，师幼共同布置故事场景。然后我们为幼儿提供了不同大小、颜色的手工纸，幼儿运用折纸的方式折出各种猴子。在幼儿讲故事的时候，就可在这固定的场景中随着故事的情节移动猴子的位置。我们发现幼儿特别热衷于将猴子一个个地倒挂到井下捞取月亮的倒影，这比原本的图画书更有趣，真可谓其乐无穷。

折纸图画书《猴子捞月亮》

第二阶段：扇子图画书《拔萝卜》（样式二）

《猴子捞月亮》非常受幼儿欢迎，每天都会有很多幼儿到图书角去玩这本与一般图画书不一样的立体活动书。于是在第二阶段，我们选取了幼儿喜欢的经典故事——《拔萝卜》，开始尝试第二种样式，也就是扇子图画书。

> **制作方法**
>
> 将纸一正一反折叠成扇子状，在第一面画上萝卜，第二面开始就依据故事线索依次画上故事中的角色。
>
> 玩法：幼儿拉出一个画面就讲述与这一画面所对应的故事情节。当整个故事书全部拉开（所有的角色都出现在一个画面上）时，《拔萝卜》的故事也就讲完了。

扇子图画书《拔萝卜》

第三阶段：辫子图画书《想飞的毛毛虫》（样式三）

两种样式的出现，使幼儿制作图画书热情高涨，于是我们又开始做第三本角色不变场景变的辫子图画书。这个故事取材于《娃娃画报》中的《小毛毛虫爬呀爬》（我们改编为《想飞的毛毛虫》）。故事梗概如下：

图片1：春天到了，许多花儿都开放了。有一条毛毛虫爬呀爬，扭呀扭，来到了美丽的大花园里。

图片2：在路上，它碰到了"扑啦啦"飞的瓢虫，它对瓢虫说："你会飞，我也想飞。"可是毛毛虫怎么飞也飞不起来。

图片3：毛毛虫又继续爬呀爬，扭呀扭，碰到了"嗡嗡嗡"飞的蜜蜂，它对小蜜蜂说："你飞得真快呀，我也想飞。"可是毛毛虫还是飞不起来。

图片4：毛毛虫又继续爬呀爬，扭呀扭，碰到了"呲呲呲"飞的蜻蜓，它对蜻蜓说："你飞得真快呀，我也想飞。"可是毛毛虫还是飞不起来。

图片5：毛毛虫还是继续爬呀爬，扭呀扭。不知道过了多久，它"呼噜呼噜"睡着了，变成了一只蛹。

图片6：又不知道过了多久，它退下了身上的一层壳。

图片7：依然不知道过了多久，它变成了一只美丽的蝴蝶，它高兴地说："啊！我现在也能飞啦！"

我们根据故事里面的角色和情节进行筛选，最后将7幅图片压缩成4幅图片（图片2、图片3、图片4、图片7），仍然保留了故事的完整性。

选取的4幅画面

制作方法

用KT板做底板，再用剪成条状的塑封纸做5根辫子，分别贴在KT板的不同方位。幼儿将小花园画面贴在底板上，并在五条塑封纸上分别粘贴角色。

辫子图画书

材料准备

花园绘画材料

蝴蝶的制作材料

瓢虫、蜜蜂和蜻蜓的制作材料

毛毛虫的制作材料

KT底板

透明"辫子"

活动区材料

活动现场

一起看

我们一起来看一下整个活动的现场视频吧!

1. 活动区环境

折纸图画书和扇子图画书

故事情节画面

多块故事底板

活动区全景

2. **活动过程**

（1）结合幼儿已有的经验，引导幼儿采用四种不同的表现方法来制作图画书。这四种方法分别为用水粉画小花园，用彩纸折叠瓢虫、蜜蜂和蜻蜓，用毛球粘贴毛毛虫，用剪纸的方式制作蝴蝶并进行添画。

介绍制作方法

TiPS

在制作辫子图画书的四种方法中，其难易程度各不相同。比如，在折三个会飞的朋友中，瓢虫是最简单的，幼儿在中班时就已经掌握，蜻蜓和蜜蜂的折叠方法是在瓢虫的基础上变化的。另外，相比用折纸的方式制作三个会飞的朋友，毛毛虫的制作方式更为简单。

（2）幼儿按照自己的能力和喜好选择内容进行制作。

TiPS

在第一轮制作中，我们没有让幼儿事先进行分工，而是同时提供多块故事底板，由幼儿按自己的爱好和能力自由选取制作的内容。教师不用担心故事书会缺少画面或角色，因为随着活动的推进，幼儿会发现辫子书缺少的部分，他们会主动添补，共同完成图画书。

用水粉画小花园

用彩纸折叠瓢虫、蜻蜓、蜜蜂

想一想：
能否提供更合适的纸张规格？

用毛球粘贴毛毛虫

用剪纸的方式制作蝴蝶并添画装饰

一起做

这三个会飞的朋友其实一点儿也不难折，我们一起来折一下吧！

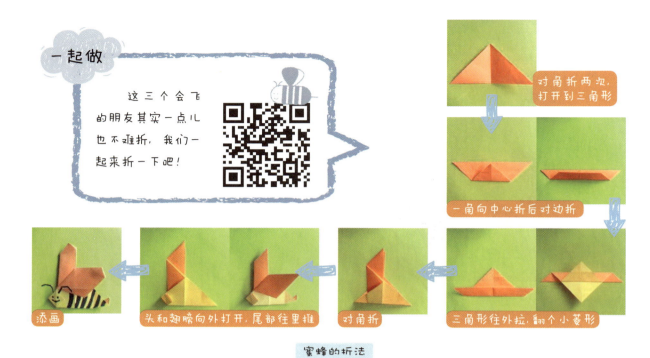

对角折两次，打开到三角形

一角向中心折后对边折

三角形往外拉，翻个小菱形

对角折

头和翅膀向外打开，尾部往里推

添画

蜜蜂的折法

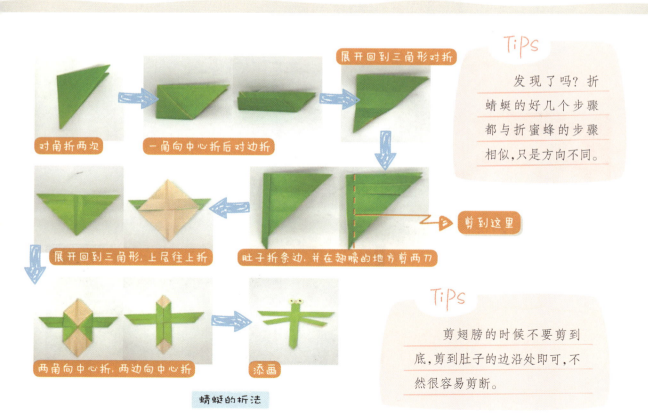

对角折两次

一角向中心折后对边折

展开回到三角形对折

剪到这里

肚子折条边，并在翅膀的地方剪两刀

展开回到三角形，上层往上折

两角向中心折，两边向中心折

添画

蜻蜓的折法

TiPS

发现了吗？折蜻蜓的好几个步骤都与折蜜蜂的步骤相似，只是方向不同。

TiPS

剪翅膀的时候不要剪到底，剪到肚子的边沿处即可，不然很容易剪断。

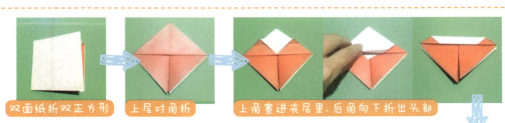

双面纸折双正方形　上层对角折　上角塞进夹层里，后角向下折出头部

修剪出圆圆的瓢虫，点上星

瓢虫的剪法

（3）将制作好的故事角色贴在辫子上。

将制作好的角色贴在辫子上

（4）幼儿讲故事，教师翻辫子。在幼儿讲故事的时候，教师根据故事情节，将相应的故事角色翻到花园场景中。

想一想：

为什么不让幼儿来翻辫子呢?

3. 观察与引导

在幼儿贴好第一轮制作的角色后，教师可以引导他们观察：目前辫子书上还缺什么? 这也是本次活动的关键。

当幼儿在制作最后一只毛毛虫的时候，其他幼儿并没有催促她，而是耐心地等待和友善地提醒她，反映了大班幼儿较好的合作意识。

4. 幼儿作品

辫子图画书

三、感悟

自编图画书是一个十分有意义的活动,要使这一活动经久不衰,必须注意以下几个方面:

1. 有趣

在自编图画书的过程中,有趣是很重要的。如果幼儿做的书和平时买的书一样的话,他们就体会不到快乐,所以我们在自编图画书的时候,要给幼儿提供不同的方法,比如有立体折纸书、扇子书、磁板书、辫子书、拼贴书等。不同形式的图画书要比翻一本同样的书有趣得多,这样能提高幼儿阅读和表达的积极性。此外,幼儿做的自编图画书是市场上买不到的且可以活动的书,比如立体折纸书中的猴子可以倒挂,扇子书可以拉,辫子书可以不断更换角色内容,磁板书可以拿出拿进等,这样趣味性就大大增强了。所以,我们经常会看到幼儿在图书角玩得特别开心。

2. 简单

我们在设计图画书的制作形式和取材时,一定要思考幼儿会做什么以及他们已具备哪些能力,并善于鼓励幼儿迁移运用。比如,《拔萝卜》这一故事看似角色众多,人物却是一个相同的拔的动作,抓住这一共性即可化解动作难点。又如,在《想飞的毛毛虫》中,虽然制作方法很多,幼儿却能按自己的能力和爱好选取，各显所能，如有的幼儿最喜欢装扮蝴蝶，一口气包办了三本书上的蝴蝶；有的幼儿不会折蜻蜓，就折叠瓢虫；也有幼儿动手能力较弱，最初选择制作毛毛虫，获得了信心之后，又尝试制作其他角色。

《拔萝卜》中角色的动作一样

幼儿自主选择制作的内容

3. 实用

在选择自编图画书的方法时，一定要注意这个方法要便于幼儿讲故事。比如，《小蝌蚪找妈妈》故事中有很多小蝌蚪，如果一一画出，费时费力，于是我们选择制作磁板图画书，用泥工做小蝌蚪，并在其背后贴上磁布，这样既方便变换位置摆放，又不易丢失。同时，我们将故事中诸多"妈妈"也剪下来塑封，同样在背后贴上磁布，使这些角色都可以被随时取放，还可以在画面上来回移动，使故事画面更加灵动。

实用的磁板图画书

此外，实用还表现在图画书的千变万化上。例如：我们将故事中的积木做成磁布积木，幼儿拼好以后就可以用添画的方法来编故事。在幼儿画好以后，我们将其拍成照片并打印出来，又成了可千变万化的积木故事书。

磁布积木

幼儿在积木上添画

1. 一辆小汽车带着两个小朋友到森林去玩。

2. 他们下了车，走进森林，看见许许多多的小鸟在叽叽喳喳地唱歌。

3. 两个小朋友继续往前走，看到一座花园，里面有一个小朋友在玩，便心里想：我们也和这个小朋友一起玩吧！于是他们就在一起玩，玩得可开心了！

4. 玩了一会儿，那个小朋友说："前面有一辆大坦克，我们去看看吧！"他们就一起来到坦克那里，看到了一辆真的大坦克，心里很激动，于是爬上去玩了玩！

1. 一天，一个小朋友在花园里走呀走！

2. 他走到树林里，看到天空中有很多小鸟在飞翔。

3. 他走出树林，看到一辆大坦克，于是他爬上坦克，看到远处有一座游乐场，他就想去看看玩。

4. 他走到游乐场，发现游乐场里有很多好玩的游乐项目，有滑滑梯、跷跷板……他在里面玩得很高兴！

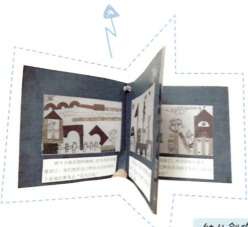

幼儿创作的千变万化的积木图画书

读书手记

如何处理美术活动区与集体教学的关系

主讲人：侯小燕、朱 雯

研讨前的思考

- 什么是集体教学活动？什么是活动区活动？
- 集体教学活动和活动区活动各自有什么优势和不足？
- 我该如何抓住集体教学活动的时机？
- 有的活动在活动区中已经操作过了，为什么还要进行集体教学活动？

上海课改提出，幼儿园活动是以集体教学、小组活动与个别化活动三种形式展开的，它们有各自的优势和不足，教师在教学过程中必须努力发挥它们的优势，相互弥补和推动，才能实现教学效益的最大化。

一、集体教学活动与活动区活动的比较

1. 集体教学活动的优势与不足

集体教学活动是指在同一时间内，所有幼儿共同面对同一内容、同一问题进行探索的教学活动形式。

（1）集体教学活动的优势。

①时效性很高。

②面向全体，能引起所有幼儿对同一问题的关注。

③可以在最短的时间内实现师幼之间、幼幼之间互动的探索过程。

（2）集体教学活动的不足。

①对全体幼儿设定同一标准的目标，没有顾及不同幼儿的发展水平。

②时间短，不易给幼儿创设宽松的探索环境。比如，教师经常会在集体教学活动中催促幼儿"快点"。

③教师介入多，不利于幼儿摆脱对教师的依赖，难以形成自主创造的能力。比如，在集体教学活动中，幼儿经常会问教师下一步该怎么做，依赖教师较多。

2. 活动区活动的优势和不足

活动区活动是指由幼儿自由选择且能持续探索的学习活动形式。

（1）活动区活动的优势。

①幼儿可以按自己的意愿选择和安排活动的内容、时间和方法,自主探索的空间大。

②活动时间因幼儿自身的发展水平而异,没有统一的规定。

> 比如在"小苗苗快快长"这个活动中,幼儿如果将当下的内容做完了,还可以选择别的内容继续制作。如果当天做不完,还可以在明天继续制作。

③在活动过程中设定逐步递进的弹性要求,有利于不同水平的幼儿在原有基础上得到提高。

（2）活动区活动的不足。

①幼儿按照自己的兴趣倾向进行选择,容易形成能力差距。

> 比如,有的幼儿喜欢做泥工,害怕折纸,他就会一直去做自己擅长的,这就会造成他的泥工制作能力越来越强,而折纸能力愈发薄弱。在这种情况下,就需要教师的适时介入。

②幼儿往往局限于小范围内的活动,个体的经验不容易转化成集体的经验。比如,分享交流仅在小组内进行; 即使进行集体交流,也因幼儿经验的差距无法做到面向全体。

3. 集体教学活动和活动区活动的互补

集体教学活动和活动区活动是幼儿园常用的两种教学方式,教师要将集体教学活动和活动区活动两者有机结合,充分运用两种活动的优势来弥补各自的不足,以各种不同的活动形式相辅相成、循环往复,在主题活动中发挥各自的长处,实现教学效益的最优化。

二、处理集体教学活动与活动区活动之间的关系

在确定是否需要开展集体教学活动时,我们应从以下几个方面去思考,以提高集体教学活动的有效性。

1. 选择恰当的时机

首先,教师要整合日常的零星经验,引发幼儿对主题内容探索的兴趣,然后聚焦主题内容,让幼儿共同面对新的问题。

其次,在活动区中,当幼儿遇到某些经验障碍时,教师可通过集体教学帮助幼儿建立新的经验。

比如"自编图画书"中的"小蝌蚪找妈妈"活动,幼儿用纸浆土制作了许多小蝌蚪,但是对如何表现不同妈妈的造型经验不足。于是,我们适时地开展了集体教学活动。在集体教学活动中,我们让幼儿比较不同妈妈的外形特征,并用水墨画的形式尝试画一位妈妈,又观赏各自不同的画面安排。之后,幼儿在活动区画出了许多不同凡响的出色画面。

最后,教师要适度推进,不断探索新的表现方法,以提高幼儿的艺术表现能力。

比如在"猜谜语商店"的活动中,教师让幼儿在活动区中用轻质彩泥自制玩具后,开展了集体教学活动。通过集体教学活动,可以让幼儿学习如何更好地表现玩具的特征,并掌握彩泥玩具立体造型的制作方法。

实例展示

小班主题"高高兴兴上幼儿园"

1. 要求

(1)喜欢幼儿园有趣的活动内容,初步适应幼儿园生活。

(2)大胆地涂鸦,体会美术活动的快乐。

2. 内容

在这个主题里,有四部分内容与美术领域有关,其中我们开展了两次集体教学活动。

(1)"我来了"活动区。

开学第一天,教师就在活动室的门口布置了班级游戏和户外运动的场景作为幼儿挂晨检牌的背景,让幼儿在每天来园的第一时间为自己的"小宝宝"涂鸦打扮,然后将"小宝宝"挂在自己喜欢去的晨检背景墙上,每天可以不断变换。

背景墙

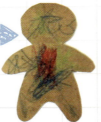

"小宝宝"晨检牌

幼儿自己涂鸦制作"小宝宝"晨检牌

（2）"我喜欢玩的地方"活动区。

幼儿将"小宝宝"带到娃娃家、小医院、滑梯、爬网等自己喜欢的地方,发现幼儿园好玩的地方真多,开始熟悉幼儿园,愿意和朋友一起玩,高高兴兴上幼儿园。

我想玩滑梯

我想钻爬网

随着活动的开展、游戏的深入,幼儿又想让自己的"小宝宝"站起来,带他到不同的场景玩,于是我们为幼儿提供了长条纸板。幼儿只要将纸板对折并粘贴在"小宝宝"背面,"小宝宝"就真的可以站起来,这是幼儿自制的第一个玩具。

"小宝宝"站起来

例如：娃娃家的妈妈可以带宝宝去饼店坐下来，吃吃自己喜欢的点心；还可以到小医院去看病、吃药、打针等。另外，"小宝宝"身上的涂鸦衣着也愈加丰富，我们又给"小宝宝"贴上各自的大头照，"小宝宝"被利用的机会也越来越多。美术活动区与幼儿的生活、角色游戏、运动紧密地结合在一起，变成有情境的、可操作的活动，避免了简单空洞的说教。

做点心的材料

点心店

带"小宝宝"去饼店吃饼

小医院

帮"小宝宝"看病

（3）"睡午觉"活动区（含集体教学活动"小花被"）。

经过一段时间的集体生活，小班的幼儿已经熟悉幼儿园了，愿意和朋友一起玩了，但是一到睡午觉的时候，幼儿又会产生焦虑。为此，我们为幼儿创设了给"小宝宝"睡午觉的情境，让幼儿帮"小宝宝"盖被子，睡在又好看又香的小花被里，做个甜甜的梦。其中小花被就是通过集体教学活动，由幼儿尝试涂鸦命名和折叠制作而成的。每个幼儿有了自己做的一条小花被，参与"睡午觉"活动区的幼儿更多了。幼儿还延续"小宝宝"醒来了去洗手间如厕、洗手、吃点心、爸爸妈妈来接回家等一系列活动，逐步摆脱了对睡午觉的焦虑。

睡午觉

如厕

洗手

吃点心

睡午觉的场景

（4）"打电话"活动区（含集体教学活动"打电话"）。

我们又发现小班幼儿喜欢打电话的特点，于是便在活动区中将电话线接到娃娃家外，布置了理发店、花店、服装店等背景中暗示打电话的内容，开展了一次给好朋友打电话的集体教学活动，引导幼儿想象打电话的对象，掌握简单的对话。在集体教学活动后，幼儿变自说自话为找朋友对话，经常拿起听筒说个不停。幼儿之间的话题也随之丰富起来，进一步体会与好朋友一起玩的快乐，更喜欢上幼儿园了。

电话线材料

幼儿连接电话线

打电话

2. 通过集体教学活动适度推进

上文"实例展示"中的是小班幼儿初入园第一个月的活动，围绕着帮助幼儿适应幼儿园生活、让幼儿能够高高兴兴上幼儿园的目标展开。在这一个月里，幼儿在给"小宝宝"涂鸦的过程中已经积累了一些零星的涂鸦经验，于是我们穿插了"小花被"和"打电话"两个美术集体教学活动。

（1）小花被。

幼儿在给"小宝宝"睡午觉的时候，发现"小宝宝"身上没有被子，于是我们提供了纸张和水彩笔，让幼儿制作小花被。我们抓住这一契机，及时地开展了"小花被"的集体教学活动，希望通过这一活动进一步激发幼儿涂鸦的兴趣。同时，我们还引导幼儿为自己的涂鸦命名。

"小花被"是小班上学期的第一次美术集体教学活动。教师让幼儿欣赏画面上的一位睡得很香的小朋友,他盖着一条美丽的小花被,并配上儿歌,使幼儿似乎感受到小花被是香香的、柔软的,从而爱上小花被。在教师的鼓励下,通过同伴间的交流,幼儿开始对涂鸦进行命名。第一名幼儿将自己的花被命名为龙卷风,引起了其他幼儿命名的兴趣,第二名和第三名幼儿也将涂鸦命名

没有被子的"小宝宝"

为龙卷风。于是,教师又进一步引导:"三条都是龙卷风被子,这样要搞错的,再来找个新的名字吧!"有的幼儿马上改变说:"这是F1赛车的轨道花被。"接着,出现了披萨饼花被、下小雨花被、苹果花被等各式各样的命名。但是由于集体教学活动的时间有限,我们又在活动区里让幼儿进一步自制小花被,并为小花被取名字,让娃娃家里的"小宝宝"盖上。渐渐地,幼儿对命名产生了极大的兴趣,甚至同一条花被也会被起上不同的名字,还有的幼儿能够开始先想内容再涂鸦,从"涂鸦后再命名"发展到"先有命名后有涂鸦"。幼儿将这份情感也迁移到了日常生活中,逐步摆脱对睡午觉的焦虑,逐渐感受到睡在自己香喷喷的被子里、做个好梦挺开心的情感。

小花被的制作材料

苹果小花被

花朵小花被

龙卷风小花被

（2）打电话。

活动伊始,幼儿打电话几乎都是自说自话、自娱自乐的,相互间没有交流。教师抓住这一契机,引发幼儿观察和思考:打电话究竟是什么样的? 可以说些什么对话呢? 然后借助活动区的游戏情境粘贴好朋友,再通过涂鸦来表现不同的电话线。随着活动的推进,幼儿间对话的内容也随之丰富起来,幼儿进一步体会到了打电话交往的快乐。幼儿游戏经验的逐渐丰富为开展集体教学活动打下了基础。

在"打电话"的集体教学活动中,教师创设了"小兔和小青蛙正在打电话,可是电话打不通"的情境,引导幼儿通过有目的地控制涂鸦的线条来模拟接通电话线,并提供动物粘贴纸和彩色水笔。之后,教师引导幼儿继续粘贴更多的好朋友并为他们接通电话,学着让接通电话的朋友进行通话。

为画面情境添画电话线

以上两个活动都联系了幼儿对主题内容的体验和现有的艺术表现能力水平,教师选择了合适的时机,从帮助个体适应幼儿园生活的体验(小花被),向共同生活中形成初步交往能力(打电话)发展。在美术表现上,也体现出涂鸦期幼儿的特点,幼儿从无控制地涂鸦向有控制地涂鸦适度推进,并逐步产生命名的意识。

三、在问题情境中引导探索

美术是幼儿表达主题探索和体验的手段。无论在内容或方法上,都应将探索发现放在第一位,而不是用事先设定的标准答案去替代幼儿的思维和创造。

1. 开展集体教学的目的

开展集体教学的目的可归纳为以下三点:

(1)在幼儿面对新的问题时,通过集体教学中的共同讨论,能鼓励幼儿探索解决问题的方法,并进行大胆尝试。

(2)在部分幼儿已经获得一定的经验时,将部分幼儿的个体经验分享为全体幼儿的学习内容,促进不同水平的幼儿均能在原有水平上得到提高。

> 比如在"太阳和月亮"这一活动中,部分幼儿已经在活动区中画过晚上要做的事。在集体教学活动"月亮姐姐"中,教师将个别幼儿的经验在集体中进行分享,让每个幼儿都能思考晚上做的事,生成更丰富的内容。

(3)在幼儿经过不断探索获得大量新知后,开展交流分享能为每个幼儿提供显示才能的机会。

无论是哪一种活动,教师的作用就是鼓励幼儿大胆表达和尝试,不断捕捉幼儿不同的想法和做法,让幼儿在探索中有所收获。

实例展示

大班主题"男孩女孩不一样"

1.要求

（1）大胆自信地向同伴介绍自己,体会我是集体中的一员,乐于接纳他人。

（2）运用各种绘画的方式,在形和色两个方面表达自己的认识和情感。

2.内容

这一主题是由欣赏艺术作品《自画像》(洛克威尔)引出的话题,即画家画的是谁? 老画家为什么要把自己画得那么年轻? 从而使幼儿发现,画自画像的积极意义不只是画得像,而是画出自己希望的模样。于是,我们在活动区开展了以下活动:

（1）照镜子——我是什么样(含集体教学活动"我的自画像")。

我们为每位幼儿都准备了一本自画像小本子、一面镜子和一支笔,让他们画画自己。由于幼儿在中班已有画面部的经验和能力,因此立刻饶有兴趣地画了起来。最初,幼儿大部分画的都是正面,但当一位幼儿画了侧面时,教师立刻引导幼儿关注,并鼓励大家尝试转动自己的头部来发现面部特征的变化。之后,幼儿画侧面、半侧面的渐渐多了起来。

洛克威尔的《自画像》

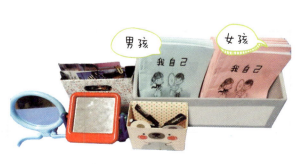

画自画像的材料

幼儿画自画像　　　　　　　　　　　　侧面自画像

在很长一段时间里,幼儿的自画像都是千篇一律的微笑模样。此时,我们又进一步提供了不同表情的艺术作品,引导幼儿欣赏和讨论,使他们发现自画像可以运用不同的表情来表现自己的情感,如:哈哈大笑、严肃、生气、悲伤等。幼儿从仅关注自己的五官,继而又关注自己的表情。之后,我们又让幼儿用不同表情的自画像做自我介绍,使幼儿直观地理解喜怒哀乐所表达的不同意思。

幼儿开始关注自己的表情　　　　微笑表情的自画像　　　生气表情的自画像

（2）我们在一起——体会我们是集体中的一员,乐意与同伴合作(含集体教学活动"男孩女孩不一样")。

通过相互介绍自画像,增进了幼儿之间的了解,幼儿发现每个人不能只看他的外表,更要看他的行为,以及他有哪些长处、有什么本领、心地好不好等,从关注自我到关注同伴。此时,我们又启发幼儿将自画像中的头像剪下来,贴上折叠的服装,做成立体小人,结伴布置和朋友一起去玩的场景。这一活动受到幼儿的热烈欢迎,他们三五成群地挤在一起商讨内容,分工合作,一时间"放风筝"、"捉蝴蝶"、"野餐"、"打沙滩排球"、"升旗仪式"等场景精彩纷呈,活动区持续不断地被增添着新的内容。

用自画像做的立体小人　　　　幼儿制作场景和小人

在公园野餐　　　　　　在沙滩晒太阳　　　　　　打沙滩排球

（3）阅兵式。

当时正值国庆节,幼儿观看了国庆大阅兵的录像,非常兴奋,提出要做天安门大阅兵的场景。我们及时抓住这一契机,和幼儿重温大阅兵情景,谈论他们最感兴趣的方阵。在议论中幼儿一致认为,解放军方阵最了不起的地方就是队伍整齐和动作一致,从而发现和集体保持一致的重要性。在结伴一起制作阅兵式场景时,幼儿不断仿效解放军,从分工合作到排列队伍,无不在考验幼儿的集体意识。幼儿在向解放军叔叔学习的同时,也感受到自己是集体中的一员,以及集体共同合作是一件让人非常自豪的事,体验到了团队精神。

阅兵式场景　　　　　　　　幼儿制作解放军叔叔

幼儿制作坦克

摆好的方阵

（4）最受欢迎的人——在评议同伴中发现如何接纳他人。

此时幼儿已不满足于画自己，开始画起身边的朋友。我们又布置了"最受欢迎的人"的活动区来展示全班幼儿的自画像，让幼儿画画自己的好朋友，并挂在相应的自画像下。几天过去，我们发现有的幼儿自画像下出现了许多画像，可是有的寥寥无几甚至一张也没有。为此，我们就选取其中之一，引导大家发现他的长处。例如，有一位幼儿身高力大经常闯祸，其他幼儿经过讨论发现，他很喜欢为大家搬桌椅，而且每次放下桌子时可以做到一点儿声音也没有。第二天就有幼儿

为同伴画画像

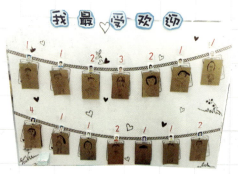

将为伙伴画好的画像挂这里

为他画画像,并称他为"班级大力士"。这些原来不被看好的幼儿也受到鼓舞,萌发了发扬自己长处、改正缺点的意识,为被同伴接纳而感到高兴。由此,每位幼儿都在努力发现他人的长处,交到了更多的朋友。

之后,幼儿又迁移了共同制作游戏场景的经验,利用多种材料模仿班级里的男孩和女孩做起了半立体塑像,为自己、为同伴点赞,形成一个更为和谐的班级氛围。

2. 集体教学活动可帮助幼儿将活动区形成的零星经验进行提升

在这个主题中,我们开展了"我的自画像"和"男孩女孩不一样"两个集体教学活动,这里以"我的自画像"为例做介绍。

（1）问题的由来源自幼儿的需要和存在的共性问题。

问题是幼儿进一步探索的导向。就"我的自画像"而言,幼儿在活动区中已经开始关注自己的表情并画了许多面部特征,我们发现:这些自画像的表情都是整齐划一的微笑,而且都是单色的。面对这样共性的问题,我们通过集体教学活动引导幼儿进一步关注和表现人物的表情和色彩,体会喜怒哀乐的意义和颜色在表现人物个性态度上的作用,实现已有经验的提升。

单色的自画像

（2）问题的提出必须给出具体的线索,以引导幼儿进一步探索。

我们通过让幼儿欣赏梵高、毕加索和雷诺阿三张不同色调的自画像,启发他们比较和发现不同的表情和颜色。同时,教师又向幼儿介绍了画家快乐、悲伤和愤怒的事例,例如:梵高的作品以黄色为主,表现了他为自己的病痛忧郁的表情;毕加索的画以红色为主,因为他很爱国,表现了对法西斯的暴行愤怒的表情;雷诺阿的画以蓝色为主,表现了爱朋友的一种优雅的表情。

梵高自画像

毕加索自画像

雷诺阿自画像

在欣赏与谈论中，幼儿开始体会到了喜怒哀乐都是我们经常会有的情绪表现，他们乐于尝试用不同的表情和颜色的自画像来表达自己的所思所想，并会说说产生这样情绪的理由。

妈妈生病了（我有点忧伤）　　有人乱扔垃圾（我很生气）　　我教会了朋友折猴子（我很开心）

（3）重视分享中的各抒己见，引导幼儿进一步思考和发现。

为了方便幼儿操作，我们将不同色系的颜料分别摆放，使幼儿在最初确定内容时就有了比较明确的色彩定位。在活动过程中，教师努力了解幼儿的所思所想。在活动结束的时候，幼儿将自己的作品和对应（颜色）的画家作品放在一起，使作品中的表情和颜色一目了然。然后，他们会用一句话介绍作品，例如：在介绍忧伤时，幼儿说"妈妈生病了，这几天都是爸爸送我上幼儿园，我希望妈妈快点恢复健康"、"邻座小朋友今天没来"、"游乐园不发棒棒糖了"等。通过这种形式的交流，使幼儿发现同样的表情所表现的内容是不同的，激发了幼儿进一步尝试的愿望。

在分享时我们发现，有些情绪反应是正面积极的，也有一些情绪需要我们引导。例如，在讲述愤怒的原因时，幼儿会因为"遛狗不收拾狗的大便"、"乱扔垃圾"等行为而愤怒；但也有因为"妈妈原来答应带我去玩，结果没去"、"爸爸本来说好要给我买玩具，结果没有买"而不高兴的。教师不回避问题，而是引导大家对究竟该不该愤怒进行了讨论。幼儿的想法很多，说出了各种理由，通过换位思考和向爸爸妈妈询问的方式，找到疏解情绪的方法，从而释放负面情绪，变消极情绪为积极情绪。

四、美术集体教学是共同思考和尝试操作的过程，必须最大限度地发挥幼儿在活动中的主体作用

虽然集体教学结构化程度较高，无论在时间和空间上都会给幼儿一定的限制，但教师仍应以开放的心态把握活动的每一个环节，努力给幼儿创造自主探索的机会。

1. 为幼儿创造自主探索的机会

我们可以从以下三方面来给予幼儿自主探索的机会。

（1）从幼儿的原有经验出发提出问题，鼓励幼儿用自己的经验探索新的问题。

比如，在"我的自画像"活动中，教师通过大师的自画像来引导幼儿联系日常生活经验，说说自己开心或不开心的事情，开展运用颜色等方式来创造和表达的探索活动。

（2）依据活动的线索因势利导，鼓励幼儿大胆创造。

比如，幼儿在画自画像时，教师从具体内容入手引导幼儿想象，继而启发他们通过有目的地选色来加以表现。

（3）及时归纳幼儿的不同表现，选取一两个有共性的问题进行分享。

比如，当幼儿表达了自己因为"妈妈没带我出去玩"而不高兴时，教师就可以引导大家一起讨论：有什么办法可以让我们不用一直生气来解决这个问题吗？

中班主题"我自己来"

1. 要求

（1）了解自己的外部特征，体验自己在一天天长大，愿意自己的事情自己做，不会的事情学着做。

（2）有目的地观察自己，发现自己明显的外部特征，乐意用绘画、剪纸等形式加以表现。

2. 内容

幼儿升入中班，一下子从弟弟妹妹变成了哥哥姐姐，他们发现自己长大了。于是，我们在刚开学时开展"我长大了"的主题，引导幼儿不但要从自己长高、长大的外表来感受自己长大了，更要从"自己会做的事更多了"来体会成长的喜悦。为此，我们开展了以下四个活动：

（1）洗脸和梳头：自己的事自己做。

教师从幼儿最熟悉的自我服务——自己洗脸、梳头等内容入手，提供镜子、梳子、毛巾，让幼儿学着自己洗脸、梳头，在活动区用剪纸粘贴模拟表现。

幼儿选择一个自己喜欢的颜色和与自己脸型接近的"小脸"（画有轮廓线的彩纸），沿着轮廓线剪下。

活动区材料

画有不同轮廓线的彩纸

幼儿将"小脸"剪下来

幼儿用剪下的碎纸粘贴五官，以此表现把脸洗干净。幼儿还用剪刀当梳子，模拟梳头的样子。他们在不断的有目的地观察自己的过程中，初步感知自己在长大，知道很多事情再也不用大人帮忙，自己会做的事情越来越多。

仔细地观察自己

剪头发

戴发夹

用碎纸贴五官

洗得干干净净的小人

（2）学穿衣——不会的事情学着做（含集体教学活动"我们一定有办法"）。

之后，我们又搜集了不同的服装，有开衫、套头衫，有的有纽扣，有的有拉链，让幼儿学着自己穿。之后，我们又引导幼儿把穿衣的经验迁移到剪纸小人上，让幼儿用对折的方法对称地剪出上衣、裤子和裙子。

对折剪衣服、裤子和裙子

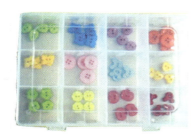

各种好看的纽扣　　　　　　各种花纹的彩纸　　　　　　幼儿剪衣服

幼儿制作的各种漂亮的衣服

穿好衣服，坐端正，我们长大了

（3）比一比小时候和现在用的东西,发现自己会做的事真不少。

家长帮助我们一起收集了幼儿小时候用过的物品,如:围兜、奶瓶、宝宝鞋等,还启发幼儿用剪纸的方式将这些物品剪出来,并用小夹子晾挂,一一展示。我们还引导幼儿从比一比小时候用的东西和现在用的东西中发现:现在用的和小时候用的东西大不相同。例如:小时候用奶瓶,现在用杯子;小时候用勺子,现在用筷子;小时候穿纸尿裤,现在穿裤子等,让幼儿直观地看到自己在长大。

幼儿剪的小时候的物品

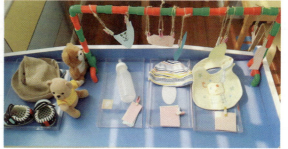

将小时候用过的物品一一晾挂

幼儿还自发地将自己剪的小时候的物品给娃娃穿戴,当起了小哥哥、小姐姐。

奶瓶和杯子

勺子和筷子

纸尿裤和裤子

为娃娃戴上小时候的物品

（4）家里的小帮手——由自我服务发展到乐于帮家人做力所能及的事（含集体教学活动"我自己来"）。

整理衣柜是幼儿最感兴趣的活动之一，于是我们对活动区现有的衣柜学具进行改造，将隔层减少，加大加宽，并贴上了爸爸、妈妈、宝宝的标记。

改造前   改造后

在现成的玩具鞋中，妈妈的鞋太杂乱且特征不明显，宝宝的鞋又太少。另外，妈妈的鞋和宝宝的鞋的大小比例也不对。于是，我们就发动家长带来妈妈和宝宝的鞋子，引导幼儿对照爸爸鞋子的比例，用造型土自制妈妈鞋和宝宝鞋（运用搓圆、压坑等方法）。

原妈妈鞋   爸爸鞋   原宝宝鞋   家长收集的鞋

新妈妈鞋   新宝宝鞋

整洁的鞋柜

衣柜里没有服装怎么办? 于是,我们引导幼儿用不织布做起了一家人的衣服,让一家人穿上合适的衣服其乐融融地出门去。在边制作边整理衣柜的过程中,幼儿体会到了自己会做的事真不少,开始关心家里的人,回家也当起了家里的小帮手。

袜子配对

妈妈的包

不织布做的衣服

一家人穿上合适的衣服

⒉ 通过集体教学活动"我自己来",引发幼儿由自我服务转变为乐意为他人服务

中班幼儿在学习自我服务时会遇到很多的难题,例如:天天洗脸,但会漏了洗耳朵; 会扣纽扣,但是不会扣领口和袖子上的纽扣; 会拉拉链,但是会因对不齐而拉歪了等。在幼儿进行了洗脸、刷牙、梳头、穿衣等一系列活动区活动的基础上,我们开展了集体教学活动 "我自己来",以绘画的形式加以提升。幼儿已有画出笼统的人物特征和把握使用剪刀的方法的经验,为本次集体教学活动创造了条件。本次活动以"我自己来"作为线索,贯穿在整个活动中。

（1）共同探索用绘画来表现"我自己来"的方法。

活动开始,以我们会自己做的事为线索,以"洗脸的时候眼睛怎么洗"、"会不会刷

每个幼儿都有"我自己来"的信心

牙"、"衣服是自己穿的吗"等问题,引导幼儿关注自己各部分的特征,用轮换添加的方式来试着画一画,使每个幼儿都掌握了表现明显特征的方法。

（2）围绕线索积极引导,鼓励幼儿大胆表现。

幼儿在探索和表现中,会经历"表现人物的明显特征—穿着—添加相关内容—构成艺术表现"的过程。此时是教师工作最忙碌的时候,既要把握幼儿探索线索的走向,又要给他们充分想象的机会,也是教师向幼儿学习的极好机会。

例如,在幼儿开始作画时,教师就要引导他们画出自己的模样。有的幼儿难以确定头部的位置,教师可以启发他们用自己的小拳头在纸上比一比,化解难点。在幼儿画出人物大致轮廓后,教师即可用提问、提示、建议、比较等方法了解幼儿的意图,启发幼儿去明确地表现自己的设想。

此外,当教师遇到与自己设想不符的情况时,必须认真了解幼儿的想法,换位思考。

例如,很多幼儿会在画面中表现出自己并不会做的事情,教师不能将幼儿的想象看作胡思乱想,而应以将来会做到加以鼓励。在即将完成作品的时候,教师既要了解每个幼儿的想法,发现其中不一般的表现,也可以启发幼儿进一步思考和想象添画的相关内容。

（3）抓住幼儿的具体表现进行归纳和提炼,并共同分享。

"我自己来"已不同于"这是我",幼儿不但已经能关注自己的特征,更有能力把自己学会的本领——呈现,体会到长大不只是生理上的长高、长大,更是能力上的提高,为自己的进步而感到高兴。因此,幼儿之间分享的重点就应落到我自己会做的事上,而不是看谁画得完整、画得大等无关的内容,此时教师需要引导幼儿共同发现画面上所表现的那些自己会做的事。例如:有的幼儿想表现自己会拉拉链的本领,就在衣服上画了拉链;有的幼儿在衣服边上画上蝴蝶结,表示会系身后的蝴蝶结;更有的幼儿在小小的溜冰鞋上画上系好的鞋带,表示会系长长的鞋带。此时,教师就可不断地给予积极的肯定,如"衣服上有三条拉链都会拉,真是一位小哥哥"、"系背后的蝴蝶结只有大人会做,你也行,真的在长大"、"溜冰鞋的鞋带这么长,系得整整齐齐的,太能干了",从而使活动更具有实际意义,而不仅仅局限于画面效果。

自己会穿拉链衫

自己会系蝴蝶结　　　　　自己能穿溜冰鞋

最后,我们采用先让一名幼儿用一句话介绍"我自己会做××",然后全体幼儿做模仿动作"我们也会做××"的方式,让幼儿真切地体会到我在长大——我原来不会做的事情现在学会了,我现在还不太会做的事情,学一学也能做。教师引导幼儿将绘画想象回归生活,调动全班幼儿的积极性,让他们更加自如地表现自己的成长和进步,使每位幼儿都有收获。

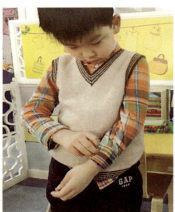

自己系背后的蝴蝶结　　　　自己扣袖扣　　　　　自己系鞋带

综上所述,集体教学活动和活动区活动伴随着幼儿学习活动的始终,缺一不可。教师要能够运用这两者的优势不断提升幼儿的审美能力,培养他们的艺术创造能力,这将对幼儿的发展起着积极的作用。

第三讲

让幼儿成为美术活动区环境创设的主人

活动展示

活动3-1 可爱的多肉植物（中班）

执教教师：陈　琦

一、要求

（1）观赏各种形态的多肉植物,乐于了解它们的生长习性,并能参与种植和照料。

（2）尝试运用多种绕绳的方法表现多肉植物的特征,再现多肉植物在沙漠生长的场景。

二、流程

天气越来越暖和了,多肉植物进入了蓬勃的生长期。班上有一名幼儿为班级的植物角带来了一些多肉植物。它们艳丽的颜色、胖嘟嘟的身段、水水嫩嫩的娇态,立刻引起了其他幼儿的关注。大家都非常喜欢这些可爱的小家伙们,有的在它们面前驻足观看很久,有的忍不住动手去摸一摸它们,还有的想为它们多浇点水,希望多肉植物能健康长大。于是,教师和家长开始共同向幼儿介绍多肉的特点和基本习性,并引导幼儿尝试照料。活动区"可爱的多肉植物"也由此拉开了序幕。

第一阶段：可爱的多肉植物

在第一位幼儿带来多肉植物后不久,幼儿陆续从家里带来了各类品种的多肉植物。大家饶有兴趣地布置起"多肉植物展览馆",幼儿可以在这里仔细观察不同品种的多肉植物的造型和颜色等。

一位家长志愿为幼儿介绍了多肉植物的习性,使幼儿了解到:原来"多肉"喜欢阳光、干燥,不喜欢喝很多水;手指触碰容易使其受伤等。幼儿渐渐懂得:原来植物和人类一样,也有自己独特的生活习惯,想对它们好,就要尊重它们,按照它们的生长习性耐心照顾。

由于多肉植物品种繁多、形态各异,在照顾它们的同时,幼儿开始仔细观察、比较它们的外形特征,还尝试用水彩笔做好自己的观察记录。

幼儿绘制的多肉植物

TiPS

在第一阶段,幼儿经历了"收集多肉植物—了解多肉植物—欣赏多肉植物—记录多肉植物"的过程,有了较为丰富的前期经验,为更有效地开展后面的活动创造了有利条件。

第二阶段:沙漠探险

一天,有位幼儿带来了一颗仙人掌,大家又争论开了,有的说仙人掌是多肉植物,可以放在"多肉植物展览馆",也有的说仙人掌有许多刺,不属于多肉植物。为了解答幼儿的疑问,教师带大家去了辰山植物园,那里有专门介绍仙人掌的展馆。通过参观,幼儿发现仙人掌也属于多肉植物,但由于仙人掌种类繁多,长得又很特别,因此大家更习惯叫它们仙人掌科。在辰山植物园的暖房里,幼儿还直观地看到仙人掌大多生活在热带或沙漠地区,而且沙漠里的仙人掌非常高大,就像一棵棵大树一般。

幼儿通过参观植物园来进一步了解仙人掌

从植物园回来以后,幼儿对仙人掌产生了浓厚的兴趣,同时也对神秘的沙漠十分好奇。借助这个契机,教师在活动室里创设了一个由沙盘和背景连成的"沙漠探险"的场景,鼓励幼儿通过各种操作再现自己的体验,进一步激发他们接近、了解热带植物的热情。

材料准备

棉绳（5毫米粗、15厘米长）

绒球

胶水

剪刀

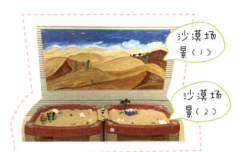

沙漠场景（1）

沙漠场景（2）

探险队员

水源

活动区材料

想一想：

绒球仅仅是为了美观吗？它可以制作些什么？

活动现场

一起看

我们一起来看一下整个活动的现场视频吧！

1. 活动区环境

多肉植物
展览馆

沙漠
场景

未完成
的作品

活动区全景

2. 活动过程

（1）让幼儿熟悉现场环境，观察沙盘场景，听教师讲述沙漠探险的小故事。故事大意如下：

有几位探险队员在沙漠里迷路了，他们走了三天三夜还没有找到水，眼看就要支撑不下去了。突然，眼前出现了一棵仙人掌，仙人掌能不能为这些探险队员带路呢？

教师启发幼儿动手制作仙人掌，一棵接一棵地为探险队员引路，直至找到水源。

教师引出活动的故事情节

Tips

在进行本阶段活动之前，幼儿已经开始在活动区制作仙人掌，由于缺乏动机，幼儿制作的积极性不高。但是在"沙漠探险"的场景中，幼儿如同身临其境，他们迫切地想帮助探险队员找到水源，其创作热情被激发了出来。

（2）幼儿尝试用绕绳的方法来制作仙人掌，制作方法为：①在硬卡纸上画出仙人掌的形状，并沿着轮廓线将其剪下来。②选择不同颜色的绳子，将绳子缠绕并粘贴在仙人掌底板上。绳子的质感能恰到好处地表现出仙人掌表面的纹路肌理。

在硬卡纸上画轮廓线

在硬卡纸上涂抹固体胶

用绕绳的方式表现仙人掌

剪断多余的绳子

粘贴花朵或果实

（3）仙人掌为探险队员带路。幼儿放置一棵自制的仙人掌在探险队的前方，然后就可以将探险队往前移一步，如此连接至水源处。

仙人掌往前走一步，探险队员就走一步

找到水源了

（4）在幼儿帮助探险队员找到水源后，教师又让幼儿继续寻找沙漠里有四块石头的地方，看看那里有什么。于是，幼儿在石头下面发现了古代金币，教师以此又引出仙人掌为探险队员带路找金币的后续活动。

Tips

　　如果只是找水源，多次重复后，幼儿就会失去再次探险的热情。教师可以充分利用这一环境，为幼儿"制造"新的动机，例如找金币、挖宝藏、找化石等，这些新的动机就如同教师口袋中的"牌"，使这个活动可以持续进行。通过情境性的区域活动，幼儿感受到了人类和大自然的亲密关系，又掌握了绕绳的表现方法。

3. 观察与引导

幼儿在学习绕绳的过程中，逐步把握了绕绳的基本方法，并且不断尝试举一反三，例如：上上下下绕，左左右右绕；从外往里绕圈，也可从里往外绕圈等。除了绕绳方法多种多样，粘贴的疏密也有讲究，幼儿发现：绕得太紧，会不平整；绕得过疏，中间的空隙会很大，不美观。在大胆尝试和不断调整中，幼儿逐渐变得得心应手，能够融会贯通，从而自如地找到合适的方法。

对于中班幼儿来说，剪棉绳是有挑战的，因为幼儿可能要剪很多下才能把棉绳剪断，而且剪下来的棉绳很毛糙，误打误撞地像极了仙人掌的刺。

教师必须观察幼儿的制作情况，及时给予帮助。比如，有个男孩绕棉绳绕了很久都粘不起来，结果发现原来是因为固体胶没有转出来，底板上的胶水不够所致。

在幼儿选择底板时，教师可以引导他们不局限于选自己的仙人掌，也可以选好朋友做到一半的仙人掌。

4　幼儿作品

想一想：

这名幼儿使用了哪些绕绳方式？

仙人掌

第三阶段：沙漠变绿洲

　　幼儿为了让沙漠有更多绿洲，他们想让沙漠长出更多的绿色植物，于是开始思考：除了绕绳的方法外，还可以尝试用哪些材料来表现沙漠植物呢？他们找来了彩泥、纸盒、牛奶盒、硬卡纸等材料，并利用这些材料表现更多的热带植物，让沙漠里处处生长植物，充满生机。幼儿也在合作的过程中感受创造的快乐。

三、感悟

1. 抓住契机，发现身边的美，做到有感而发

　　当幼儿带来第一盆多肉植物的时候，教师就抓住这一契机加以引导，引导幼儿仔细观察，发现多肉植物与其他植物的不同之处，还通过带领幼儿参观植物园、家长介绍、幼儿自制观察记录等方式，使他们探索的兴趣与日俱增，每天都会有新的发现。此时，教师基于幼儿的兴趣需要，提出制作仿真多肉植物、开展沙漠探险、建造沙漠绿洲等活动内容。这些活动给了幼儿用自己的方式来展现多肉植物独特的姿态的机会，也增进了幼儿关心多肉植物生长的情感。幼儿说："这些多肉植物就在我们身边，只是有时候它们长得太小，又或许是我们太过匆忙没有注意罢了，它们都是我们的好朋友呢！"

2、在引导幼儿探索之前，教师先要有探索的精神

　　每一次开展和美术有关的活动前，我们总要花很多时间去寻寻觅觅，寻找比较适合幼儿使用和表现的材料，并反复多次尝试，这已成为我们的一种习惯。例如：在开始尝试制作仙人掌的时候，我们就试了许多种材料，先是用彩泥，发现太软又费料，还不容易站立；之后用绒球，发现无法体现仙人掌的机理；还用了厚的泡沫贴，发现没办法将仙人掌填满；最后才选择了绳子，因为它便于表现仙人掌的天然肌理。即便是绳子，粗细也很有讲究，太粗会太重，太细又不够立体，我们又经过反复尝试比较，才找到现在这种较为合适的绳子（5毫米粗）。再如，我们对绳子的长度也进行了反复考虑，为便于幼儿操作，我们将绳子剪成了15厘米的长度。

寻找材料的过程

读书手记

活动 3-2　会散步的字（大班）

执教教师：施晓凤

一、要求

（1）尝试书写各种样式的汉字，进一步激发幼儿用毛笔书写的兴趣。

（2）利用汉字的排列组合，体会我国文字独特的审美表现。

二、流程

大班下学期，离幼儿进入小学的日子越来越近了，他们开始热衷于书写自己的名字，认字和写字的兴趣大增。幼儿经常会去各处看一看、认一认、念一念自己认识的文字，这也是让他们感知我国文字博大精深，了解文字几千年的演变过程，感受古今文字中散发着的艺术气息的好机会。因此，为顺应幼儿需求的活动区活动"会散步的字"应运而生，活动共历经了四个阶段。

第一阶段：学写毛笔字

学写毛笔字的活动源于图画书《三十六个字》。在阅读欣赏时，我们发现这一图画书和其他故事书之间的显著差别：其一，与现代文字相比更生动形象，以形表意的方式很容易为幼儿所理解；其二，不受笔画笔顺的限制，从何落笔没有规定，给了幼儿更大的表现空间；其三，图画书讲述的是一个完整的故事，书中还原了文字的使用场景，还原了人与自然的故事情境，充满着童趣。图画书中文字即图、图即文字，十分接近现代抽象画，幼儿在阅读时能直观地体会到我国文字的悠长历史和这些文字散发出来的独特的艺术气息。

我们同时又找来了《写天书》、《日月山川》等读物，提高了幼儿分辨我国从古至今不同文字的兴趣，使幼儿体会到了象形文字变化无穷的特点，他们个个跃跃欲试，渴望自己动手描画一番。

幼儿从各种书籍中收集了自己喜欢的文字，我把这些字做成字帖供他们欣赏、分辨，同时为他们提供了毛笔、墨砚、宣纸等材料，以供其书写。

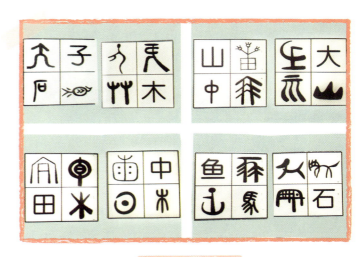

教师自制的字帖

幼儿可以自选文字,然后将宣纸一折四,并在这四个格子中写上同一个字。

幼儿正在书写

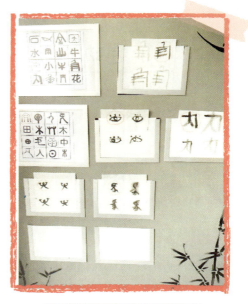

幼儿圈出自己最满意的字

幼儿书写没有对错之分,活动的目的是让他们感受不同下笔力度、不同浓淡墨水所呈现的每个字的独一无二的变化。之后又启发幼儿挑出自己最满意的字,用红笔将其圈出。幼儿在选满意的字时,有时是因为写得比较清晰,有时是因为写得比较工整,有时是因为写得比较有力。我会及时将作品展示出来,让幼儿在与同伴相互欣赏的过程中肯定自己,同时还能向同伴学习,这也成了他们始终保持高涨书写热情的重要原因之一。

Tips

幼儿既可书写自己认识的现代文字,也可书写古代的文字,对于字的笔画多少、笔顺先后都不需要规定和限制。

第二阶段:摆摆放放

幼儿写的字有大有小,越写越多,怎样让它们鲜活起来呢?我在文字背后贴上磁布,又启发幼儿欣赏艺术家的书画,鼓励大家来尝试摆放文字。只见幼儿将大小不同的字摆在一起,这些字有的被直着排,有的被横着排,或紧凑,或松散,错落有致地被摆放在磁板上。幼儿不断探索着怎样摆字更好看,发现了许多将字摆放好看的方法。

在摆字的过程中,我们对幼儿选取的字的数量、大小都不做规定,幼儿只要跟着感觉走,觉得怎么好看就怎么放。幼儿在摆放字的时候也会越来越在意画面的布局。

幼儿根据自己的感觉摆字

第三阶段：刻刻印印

　　幼儿在欣赏书画作品时，又发现很多作品中都有印章，还发现印章的大小和样式千变万化，有阴面和阳面之分。于是，我及时向他们介绍印章也是我们中国传统文化之一，和书画作品之间有着密不可分的联系，还为幼儿制作了刻有中国、上海等文字的阳面印章，又鼓励幼儿将象形文字刻在钙塑板上自制印章。具体方法为：教师提供不同大小和形状的钙塑板，幼儿从字帖中选笔画对称的字，然后用铅笔在钙塑板上对照刻印，最后用双面胶将钙塑板固定在积木上即可。幼儿还可以在积木的另一面贴上书写的字样，便于敲印时分辨字的方向。

幼儿翻阅字帖

用铅笔在钙塑板上刻字

想一想：
　　字帖中的字为什么是对称的？

刻好的字

印章效果

我们发现幼儿刻了很多相同的字，但印出来的效果却是不同的。为此，我们设计了一本印章书，每一面敲印的都是同一个字，使幼儿能在同一页上看到不同大小和形状的同一个字，这也是隐性地在鼓励幼儿去刻印更多不同的字样，感受文字的千变万化和印章的独特美。

印章书

第四阶段：字的散步

有了印章的加入，幼儿书画中的变化就更丰富了。他们你一言我一语地介绍自己书写的字，推测这些文字所表示的意思。此时，我又在环境中增添了古代文人的字画，引导他们发现字画中摆字的方式。例如第一幅字画中的文字无论从直排看还是横排看，都没有整齐排列，同时我还让幼儿找找其中最大的字和最小的字，感受字画中字的大小和疏密变化，发现这些字在画面上就像散步一样。又如第二幅字画，除了文字外，还穿插着一些印章，我让幼儿一起说说字画中印章的位置，他们说：有的印章走在空白的地方独自散步；有的走在两个字的中间，和字一起散步。有了这些经验准备，我们在活动区中开展了"字的散步"这一活动。

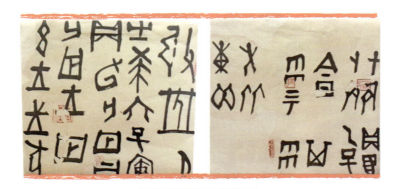

新增加的两幅字画

◎ 材料准备

中号狼毫　笔洗　宣纸　字帖　砚台

字帖　印台　积木　剪刀　双面胶　钙塑板　铅笔

活动区材料

 活动现场

一起看

我们一起来看一下整个活动的现场视频吧!

1. 活动区环境

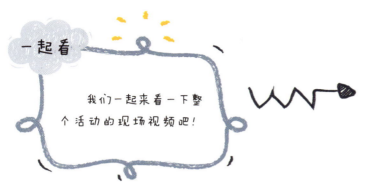

字的散步区域

前期作品展示区

刻印章区域

写毛笔字区域

活动区全景

2. 活动过程

（1）教师带领幼儿说说前期的作品，认认展板上的字，帮助幼儿再现已有的写字和刻字的经验。

（2）幼儿根据自己的喜好，自由选择写字或刻字，并将自己写（刻）得最满意的字剪下来，贴上磁布。

（3）幼儿将剪下来的字和之前在活动区中做好的字放在一起，开始了将毛笔字和印章字摆在一起的"字的

帮助幼儿再现已有经验

幼儿写字和刻字

散步"活动。幼儿可以独立完成，也可以和同伴合作完成作品。教师鼓励幼儿和同伴一起找更多的文字和印章，通过不断调整它们的位置来"散步"，感受画面的变化。之后可以让更多幼儿加入其中，呈现出富于变化的巨幅作品。

Tips

在这个过程中，幼儿探索出了很多让字"散步不排队"的方法，比如：①将字稍微移动一下；②如果字放不下，可将边框外移；③通过将字和章互换位置来调整画面。这些方法反映出幼儿在活动过程中的所思所想，凝聚着他们的智慧，相信他们在每一次的探索中都会有新的发现。

独立进行活动的幼儿　　　　　　两两合作的幼儿

幼儿独立完成的作品　　　幼儿合作完成的作品　　　幼儿在调整字的位置

3. 观察与引导

有的幼儿没有选择字帖中的字，而是刻了其他的字。

当写的字不在纸的正中央时，幼儿会在剪字的时候进行修整。

幼儿第一遍写淡了，就用笔再描了一次，通过重新描深的方式来调整之前写的字。

有的幼儿一开始印出来的字很淡，她会自己找出原因，把字再刻深些，之后敲印就清晰很多。

幼儿之间经常相互帮助，比如建议伙伴可以在刻小的字外面再刻一圈围边。

幼儿在贴磁布的时候，有的字没有贴平。比如"羊"字翘了起来，教师可以引导："这个羊角翘起来要掉咯啦，赶紧帮它压压平。"

幼儿摆放字的时候会上下左右地移动，认真思考每个字的摆放位置。

教师发现一位幼儿将两个字斜着贴一起时，及时认可了幼儿的全新尝试，介绍说"这两个字像两个头碰头的好朋友。"

有名幼儿为字贴反了而苦恼，教师引导："这个字正着贴像'花'，反着贴像'春'，都行。"

4. 幼儿作品

字的散步

三、感悟

教师在美术活动区中如何定位自己的角色至关重要。美术活动区"会散步的字"之所以能受到幼儿的欢迎,这和教师的角色定位有关。我们在摆脱指挥者(从内容、材料、玩法到评定都由教师规定)和旁观者(一言不发地袖手旁观)的角色以后,应该以怎样的态度加入活动中呢?

1. 幼儿活动的观察者和聆听者

教师在发现幼儿对文字有浓厚的兴趣时,提供了《三十六个字》的图画书供幼儿欣赏阅读,用敏锐的洞察力捕捉幼儿的兴趣所在,不失时机地引导他们阅读、欣赏和讨论。在之后的活动中,从汉字、印章到书画,教师自始至终在聆听幼儿的心声,感受他们的所思所想,不断提高幼儿进一步探索的兴趣。

2. 幼儿探索的支持者

在整个活动的过程中,教师按照幼儿的需要提供了不同的欣赏材料和操作材料,看似寻常,殊不知其中包含着许多心思。例如:用磁布、磁板拼出字画,用钙塑板刻印图章,确定印章大小等,都是经过教师反复试验、深思熟虑后的行为,以此支持幼儿的持续探索和发现。

3. 幼儿的玩伴

教师始终参与其中,并最大限度地为幼儿创造宽松自主的活动环境,让每个幼儿都可以根据自己的喜好选择活动形式,比如,对幼儿选择写字、刻章、排字,单独活动还是结伴等都没有硬性的规定，让幼儿各取所长，按照自己的意愿表达感受。教师在活动中始终关心幼儿的情绪，对他们的努力表示信任，对他们的创造性表现予以赞赏。幼儿梳理出的"散步不排队"的方法，都是他们在感知与欣赏后所表现出的智慧。当幼儿踌躇不前时，教师又在尊重其意愿的前提下给予建议或提示，激发他们再试一下的愿望。

通过活动的实践，我深刻体会到在美术活动区中，幼儿永远是活动中的风景，而我们教师要甘愿做活动中的背景，美术活动区的开展应充分体现幼儿的自主性。教师要倾听幼儿的声音，跟上幼儿的节奏，支持幼儿的行为，肯定幼儿的表现。在这种理念的支持下，我们的美术活动区会更鲜活、更出彩。

读书手记

活动3-3 喜上眉梢（大班）

执教教师：李 晶

一、要求

（1）尝试表现梅花在冬季盛开的姿态，进一步感受梅花不畏严寒的习性。

（2）欣赏我国艺术大师的作品，喜爱中国传统艺术的多种表现形式并乐于运用。

二、流程

寒冷的冬季，我们很难看见鲜艳的花朵，而梅花却能在雪中绽放。结合梅花不畏严寒的习性以及幼儿生活中的赏梅经验，我们开展了这一活动区活动。当梅花开放时，我们带幼儿来到梅花树下，引导他们体验梅花不怕冷的品质，并用动作表达了自己不畏严寒的行为。随后，我们创设了"喜上眉梢"美术活动区，引导幼儿用各种源自我国传统文化的表现形式（如：印章、剪纸、毛笔画、泥塑等）来表现对梅花的认识和情感。本次美术活动区活动共经历了四个阶段。

腊梅花开

幼儿用动作表达了自己不畏严寒的精神

第一阶段：制作仿真梅花

春节前，腊梅刚刚绽放，我们在花瓶里插入梅花，同时也买了腊梅、红梅、白梅等各种不同的仿真梅花，并把仿真花和真实的花插在一起，让幼儿观赏触摸；还和幼儿共同收集各种赏梅的照片和大师的作品，并将其布置在自然角中，引发幼儿对梅花的关注和兴趣。

自然角中的梅花作品

我们又从院子里捡来枯树枝，用泥工制作仿真梅花。幼儿在近距离地直接观察梅花后发现：有的梅花还只是花苞，有的刚刚开放，有的已经盛开；梅花刚开放时，有两瓣的、有三瓣的，等盛开时就变成了五瓣的。基于这些观察印象，幼儿在进行梅花塑形时，或采用整体塑形，或采用图形（花瓣）组合的方式，生动地表现了梅花的不同形态，并将自制仿真梅花布置在环境中。

图形组合

三片花瓣

两片花瓣

整体塑形

花苞

通过引导，幼儿在观察不同的梅花时，不仅能关注花朵的颜色和形状，还能注意到梅枝的细节特征，了解了梅花的生活习性和姿态。

幼儿用枯树枝制作的梅花

第二阶段：阳刻印章梅花

当教室"开满"红梅时，幼儿已经积累了相当丰富的用纸泥做梅花的经验，我们又进一步引导幼儿刻制两瓣花、三瓣花、五瓣花等梅花印章，然后用剪纸的方式剪出梅花婀娜多姿的树枝。

阳刻（花形）和阴刻（花蕊）

将印章敲印在纸剪的花枝上

之后，幼儿对照梅花名作，贴花枝和敲印梅花。幼儿能切实感受中国的传统文化，同时还能体验剪纸和敲印等不同的艺术表现形式。

幼儿敲印的作品

第三阶段：喜鹊

冬去春来，正是喜鹊尽情歌唱的时节，它向人们传递着春天的信息。为了让幼儿能了解喜鹊，我提供了各种各样的喜鹊照片以及有关喜鹊的剪纸、花鸟画等供幼儿欣赏的作品，让幼儿观察、了解喜鹊的外形特征，并以造型土、剪纸等艺术表现形式来制作喜鹊。

喜鹊照片

剪纸、花鸟画

1. 运用造型土制作喜鹊

幼儿利用整体塑形的方式，表现了各种喜鹊的造型。在制作的过程中，幼儿通过观察了解到：喜鹊的头、颈、背部和尾巴是乌黑的，闪着油亮的光泽；双肩和腹部的羽毛洁白无瑕。为了帮助幼儿更生动地塑形，我又提供了塑料的透明底板，让幼儿将其覆盖在喜鹊的照片上，边观察喜鹊外形，边用整体塑形的方式制作喜鹊。大班幼儿手部的精细动作都比较灵活，能充分发挥其创造力，在表现喜鹊外形特征的基础上，他们能不断丰富喜鹊身上的细节。

> 想一想：
>
> 塑料透明底板除了能帮助幼儿更好地塑形，还有什么作用？

运用造型土创作喜鹊

2. 运用剪纸的方式创作喜鹊

之后，我又让幼儿尝试通过剪纸来表现喜鹊，剪纸更需要幼儿具备一定的空间知觉能力。幼儿可以自主选择整体剪、组合剪、整体加局部组合剪这三种剪纸方式来表现喜鹊。对一些在整体剪纸上有困难的幼儿，建议可先尝试组合剪纸，在把握基本结构以后再尝试整体剪纸。

Tips

当幼儿积累了一定的剪纸以及用造型土整体塑形的经验后，我们可以让他们尝试用整体剪的方式来剪喜鹊。幼儿在尝试整体剪纸时，教师应鼓励他们通过观察，边剪边思考所剪的是喜鹊的哪一部分，而不是剪抽象的形状，让剪纸与真实的喜鹊表象相对应。

运用剪纸的方式创作喜鹊

一起做

我们也来运用整体剪纸的方式剪一下喜鹊吧!

喜鹊

第四阶段：喜上眉梢

在幼儿有了以上的活动经验后，就可将其整合运用，即制作"喜上眉梢"挂历。我们准备了空白的挂历纸，又提供了墨砚，让幼儿以绘画的形式表现梅花枯枝的特点，并结合之前的剪、印、塑形的经验，让幼儿根据自己的兴趣和水平，在空白的挂历上表现喜上眉梢的吉祥含义。

◎ **材料准备**

白色的造型土

黑色的造型土

剪刀

胶棒

黑色剪纸

黑色和白色的造型土

剪刀

喜鹊照片和塑料透明底板

幼儿之前做的梅花印章、印台

墨砚和毛笔

空白挂历

活动区材料

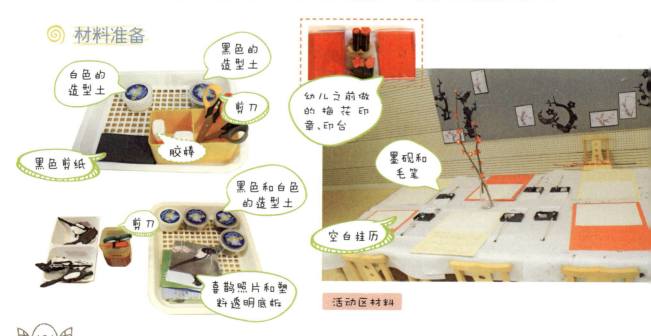

活动现场

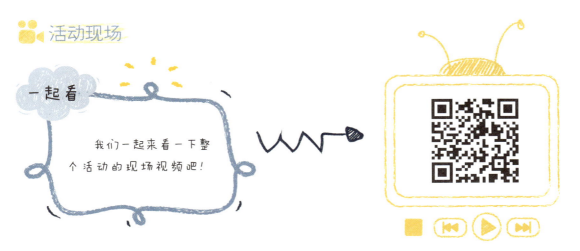

一起看

我们一起来看一下整个活动的现场视频吧！

1. 活动区环境

贴有大师作品的展示区域

印章区域

幼儿之前的作品

喜鹊照片

泥塑区域

剪纸区域

活动区全景

2. 活动过程

（1）引导幼儿观察梅枝的形态。梅枝间的节点是其储藏水分的地方，这些节点可以帮助它在冬天无须很多水分也能向上生长。用毛笔画梅枝是幼儿新尝试的内容，教师以富有情境的语言"长长停停，喝口水，转个弯"，引导幼儿用科学常识来解释美术方法，使幼儿在梅枝"生长"的情境中体验和表现梅枝弯弯曲曲如同跳舞的姿态。

教师也可以邀请个别幼儿率先尝试梅枝的画法，或以书空的方式描绘，以此帮助他们能更自信地落笔。

引导幼儿观察梅枝

先书空

再落笔

（2）幼儿尝试画梅枝。当幼儿刚开始画梅枝时，由于没有把握，动作可能会比较慢，随着活动的推进，他们会找到感觉，越画越自如。梅枝没有规定的、标准的形态，我们更希望幼儿在操作的过程中，能自己逐渐感受梅枝千变万化的姿态。

Tips

为避免幼儿将梅枝画成简单的"Z"字形，教师可以联系幼儿的观察印象做提示：已有的主枝条上还会生长出细枝；主枝条底部还会长出旁枝。

细枝

主枝　　旁枝

梅枝的姿态

幼儿画梅枝

（3）幼儿自主选择用剪纸或泥塑的方式来制作喜鹊。

剪纸喜鹊

泥塑喜鹊

（4）敲印梅花印章，粘贴喜鹊。由于每个幼儿制作喜鹊所花的时间不同，因此我们让先做好喜鹊的幼儿为大家敲印梅花。另外，幼儿还可以按照挂历作品的需要粘贴喜鹊，不必计较是谁制作的，这都体现了幼儿的合作精神。

为大家敲印梅花　　　　　　　　　粘贴喜鹊

（5）教师出示画家作品，启发幼儿在欣赏中发现和表现梅花的花枝。梅花花枝不仅可从地面下方生长出来（居中），还会斜着长出（左右）。

拓展幼儿对梅花的认识

TiPS

　　教师可结合大班幼儿的年龄特点，让他们自主选择材料，以合作的方式来共同完成。幼儿通过同伴互助，不但可以让他们能在有限的时间内完成一幅挂历成品，更能让他们体验到合作的乐趣。本次活动深受幼儿的喜爱，几乎所有的幼儿都参与到活动中，今天你帮我、明天我帮你地把"喜上眉梢"的吉祥寓意带回了家。

3. 观察与引导

幼儿在剪纸时，利用教师提供的造型土做喜鹊的眼睛，这就体现了不同材料的组合使用。

幼儿发现尾巴剪短了，于是另剪了一条尾巴贴上。

幼儿在粘贴喜鹊时，不是随意往上贴的，而是不断移动喜鹊，反复推敲以确定最合适的粘贴位置。

4. 幼儿作品

喜上眉梢

三、感悟

随着活动的开展和推进，我深深地体会到：一个活动不能只有技能技巧的传授，而且还需要教师去思考和设计一系列过程性的活动内容，这样才能引发和推进幼儿持续的关注和表现。

1. 已有经验的迁移运用

本次活动区的表现形式有剪纸、画画、印章、泥塑等，这些经验不是只通过一次活动就能让幼儿习得的，而是需要逐步积累、层层推进的。

表现形式丰富的活动区

　　通过不同的体验和表达方式，幼儿不断积累相应的经验，使之内化成自己的已有经验，并在新的活动中不断迁移运用，厚积薄发，从而满足自己不断尝试、积极进取的需求，增加了自主表达的自信。

剪纸经验的迁移（如：看夕阳）

使用毛笔经验的迁移（如：自编图画书）

刻印经验的迁移（如：会散步的字）

2. 新经验的主动习得

本次活动区的学习重点是如何用水墨画的方式表现梅花枯枝，即表现出其"挺拔"的线条，并以稍作停顿的方式表现枝节，这是一个全新的尝试。在教授新方法时，教师需要介入：一是让幼儿轮换尝试，二是让幼儿相互观察。教师要及时发现幼儿的创意，让幼儿看到自己的进步，将新经验和已有经验组合运用，创作出一幅幅独特且富有创造力的"喜上眉梢"海派艺术作品。每一次活动结束，我时常让幼儿欣赏大师作品，体会天外有天的创造魅力，激励幼儿在之后的活动区中能继续延伸、持续推进。

习得表现梅枝粗细的方法　　　　学习调整墨色浓淡的方法

读书手记

让幼儿成为美术活动区环境创设的主人

主讲人：林建华、林安逸

研讨前的思考

- 在主题刚开始,活动区环境已经非常丰富了,这样就是成功的活动区吗?
- 从主题开始至结束,我们的活动区都是不变的吗?
- 如何按照幼儿的前期经验层层推进活动区的内容?
- 幼儿为什么没有探索和发现的机会?
- 教师在环境中的角色是旁观者还是观察者?是指挥者还是支持者?

环境是幼儿教育的重要资源。丰富且富有美感的环境能给予幼儿启发与支持,激发幼儿的想象力和创造欲望,同时环境又是幼儿赖以生存的基础,幼儿从对环境的视觉感官、思维刺激及隐形对话的互动中获得满足与发展。美术活动区作为幼儿园区角活动中一个自由想象、放飞情感的活动区域,其环境的创设应由教师的包办代替转为教师和幼儿的共建,让幼儿真正成为美术活动区环境创设的主人。在当前的美术活动区环境创设中,主要存在着三大问题:

(1)内容固定封闭,缺少选择拓展。虽然教师已根据主题内容与要求设计美术活动区,并兼顾不同的表现方法,但这样过度精心设计的环境会导致内容过多过满、静止封闭。主题未开展,环境已铺满,教师留给幼儿自主选择和想象创造的空间很少,环境创设成了环境的点缀或装饰。

(2)表现方法单一,缺少自主创意。在环境创设中,教师将内容和表现方法一一对应,虽看似形式多样,但其实质是一切按教师事先的构想进行活动。幼儿经常会说"我玩过了"、"我完成了",幼儿成为服从教师构想的"操作工"。

比如中班主题"在秋天里",教师常常会创设"秋天的果园"这一活动区。为了让活动区中的表现方法多样化,教师会让幼儿用撕贴纸的方式制作苹果

（方法一），会让幼儿帮苹果涂色（方法二）等。幼儿常常会说"老师，我做好了"、"老师，我已经涂好一个苹果了"，老师也常会说"你怎么只涂了这点，赶紧完成"。幼儿只能用撕贴、涂色的方式去制作苹果，如果想用泥工的方式去制作是不可以的，因为教师规定泥工是用来做"秋天的虫"的。教师将表现内容与表现方法完全一一对应，幼儿只是在完成教师布置的任务，没有自主选择的机会。

（3）重复操作摆弄，缺少探索发现。教师创设的环境多为封闭的环境。幼儿每天按照教师既定的想法进行重复操作，原本可探索发现的内容变成现成的答案。教师又急于追求最终呈现的效果，没有给幼儿足够的空间和时间让他们各抒己见、自主探索，使幼儿的探索成了伪探索。

比如，在美术活动区"马路上的车"中，面包车、卡车等车的制作方法都有一定的联系，幼儿可以通过观察面包车，引发其对卡车制作方法的思考。但是很多教师急于想要环境丰满起来，没有给幼儿这一探索发现的机会。比如，有的教师将面包车、卡车、汽车等各种车的范例都贴在活动区的场景中，幼儿每次来活动区，只能看到少了什么车，就机械地按范例对应地制作。在这样迅速丰富起来的环境背后，其实质是剥夺了幼儿探索发现的机会。

当教师成为环境创设的主人，幼儿只是环境约束下的被动操作者，这样的美术活动区活动对幼儿获取新的经验、有目的地关注周围生活和自由自主地创意表现都不可能起到任何帮助。

为改变以上的状况，让幼儿成为美术活动区环境创设的主人，我们进行了一次又一次的学习、实践和反思，并将这些经验归纳为以下三个方面：

一、在已知与未知之间搭建桥梁

在活动区活动的初始阶段，教师可借助主题线索，从幼儿已有的经验导入活动内容，活动的切入口宜小不宜大，同时操作材料宜少不宜多，且应大都为幼儿所熟悉的材料，避免因材料过多而干扰幼儿的兴趣点，分散其注意力。教师要留给幼儿足够运用已有经验去解决问题、获取新知的空间，促使幼儿专注投入于对新知的探索和发现中去。

实例展示

小班下学期美术活动区"我们身边的大人"

1. 要求

（1）关注身边的大人，喜欢模仿他们的行为。

（2）乐于以角色的行为有兴趣地使用各种材料，有目的地进行操作并体会乐趣。

动物社区

2. 内容

（1）送外卖。

幼儿用自己做的折纸动物和教师共同布置了动物社区后，娃娃家中的"猫妈妈"、"小兔"都想把自己做的食品送给动物社区的朋友们，于是生成了"送外卖"的活动内容。

爱吃面的"猫妈妈"

爱做饼干的"小兔"

渐渐地,幼儿不满足于送简单的面条点心,面包屋由此诞生。

外卖"订单"　　　　　　各种食物材料的图片

不同形状的"面包"　　　　托盘和剪刀　　　　多士炉

"外卖员"成了极受欢迎的新角色。这让娃娃家和动物社区有了频繁的互动,大家玩得更带劲了。

制作面包　　　　　　骑滑板车给动物公寓送外卖

（2）钟表师傅。

"送外卖"活动引发了幼儿对大人所戴手表的关注，教师及时为幼儿提供了自制手表的材料。幼儿当起了钟表师傅，为医生、修理工都戴上了手表。

表带是甩甩棒，一甩就能戴在手上了

制作手表

各式各样的手表

为医生、修理工都戴上了手表

此外，幼儿还为穿上职业服装的动物朋友戴上了手表。同时，幼儿也没忘记给自己戴上自制的手表。在戴上手表后，他们纷纷仿效大人的模样去上班、去工作。于是，活动区中出现了小医生、修理工和地铁工作人员等角色。

给穿上职业装的动物们戴手表

动物朋友上班去

（3）小医生。

小医生开着救护车去救助生病的动物,把病人接到医院后给病人量体温、吊盐水,还细心地为它们治疗。

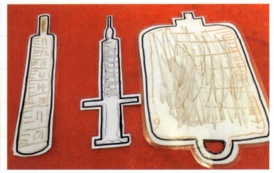

在盐水袋上画刻度,装"药水"

到动物社区救助病人

为病人测体温

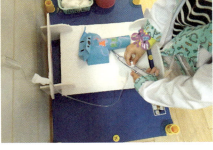

为病人打针

为病人吊盐水

给病人喂药

（4）修理工。

汽车修理厂的修理工给汽车安装车顶灯，拧上车轮，为车身喷漆或洗车，开上修理好的汽车迎接乘客上下班。

装车灯

装车轮

画车身广告

洗车

修理好的汽车

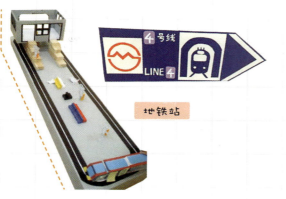

地铁站

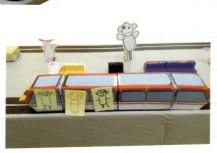

（5）地铁工作人员。

之后又出现了地铁车站，幼儿用自己涂鸦的人偶当乘客，自己充当地铁工作人员，指挥乘客在站台候车，有序地乘上牛奶盒做的列车。

幼儿充当地铁工作人员

当这些活动串联起来的时候，幼儿之间的交往增多了，模拟大人言行的意识更为清晰了。以上实例可以从两个方面来梳理已知和未知之间的循环变化。

1. 在活动内容中，从已知到未知的循环变化

"送外卖"是基于前期"娃娃家"和"动物社区"的已有经验基础上生成的新内容，它将"娃娃家"和"动物社区"的活动内容相互连接起来。而"面包屋"的出现也是基于"制作面条、点心"已有经验基础上的拓展。在"送外卖"的过程中，幼儿对手表的关注生成了"制作手表"这一新内容，又将"送外卖"和"钟表师傅"连接起来。"还有谁需要戴手表？"于是相继出现了小医生、汽车修理工、地铁工作人员等模拟"我身边的大人"的新内容。

在活动内容中，从已知到未知的循环变化

从"娃娃家"到"动物社区"再到"我身边的大人"，活动内容从家庭走向社会，幼儿在不断获取新知的过程中，其经验范围逐渐扩大，已有生活经验在活动中得以丰富和拓展。

娃娃家 → 动物社区 → 我身边的大人

家庭 → 社会

活动内容从家庭走向社会

2. 在表现方式上,从已知到未知的循环变化

表现形式的循环变化可以总结为"折纸小猫和小兔(已有折纸经验)—折狗、猪和娃娃(迁移已有折纸经验,变换出新的角色)—穿上职业服装、戴上小手表(已有折纸对象狗、猫、娃娃等成为"穿戴"职业服装的对象)—小医生的盐水袋、修理工装车轮、地铁里的乘客等"的过程,日渐丰富的生成内容引发幼儿不断创造涂鸦符号,他们的表现方式在已有基础上不断拓展。

已有折纸经验

迁移已有折纸经验变换新的角色

已有折纸对象为新内容服务

表现方式不断拓展

伴随着主题内容的不断推进,幼儿从已知走向未知的探索。当新的内容经过幼儿的探索发现而转化为已知经验时,又开启了对新的未知经验的探索。活动区的环境随着主题的进程不断变化,成为不断推进幼儿获取新知的催化剂。

二、在变与不变之间创造空间

美术活动区活动离不开表现内容和方法,为改变将内容和方法机械对应的简单做法,我们兼顾幼儿认知水

探索发现　已知经验　探索发现

未知经验　主题拓展　未知经验

已知经验　探索发现

在已知与未知之间搭建桥梁

平和美术表现能力两个方面的特点,采取"内容不变方法变"或"方法不变内容变"的策略,使美术活动区活动真正成为幼儿表达个人对周围世界认识以及内心情感体验的自由天地。

中班美术活动区"周围的人"

1. 要求

(1)关注周围成人的劳动,了解成人劳动与我们的生活息息相关,初步体会自己是社会中的一员,萌发表现文明行为的社会责任感。

(2)乐于观察不同对象明显的特征,表现出更为生动的形象。

2. 内容

(1)一条路。

在活动室的地面上,我们布置了一条长长的路,并在路的两旁按照幼儿的生活经验同幼儿一起安放了各种场景。

图画书《猜谜语商店》中提及的场景

"一条路"的场景

教师提供不同大小的纸，引导幼儿通过对折添画的方式，画出形形色色的路人，鼓励他们按照场景开展想象。

幼儿做出形形色色的人

将自制的人物摆放在对应场景中

道路施工现场辛勤劳作的
工人

排队买点心的顾客们

正在看鱼的母子俩

渐渐地，一条平铺的路已经满足不了幼儿的需要，于是"马路"延伸到了墙上、玻璃窗上，新的场景内容不断增加。

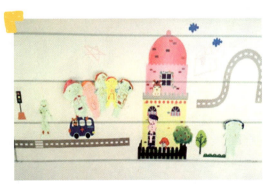

墙上的马路

玻璃窗上的马路

与此同时,教师结合幼儿的兴趣点,放大马路场景的部分情节,开展各类装扮模拟活动。

①猜谜语商店。幼儿按不同类别的商店自制相应的商品,用猜谜语的方式购买玩具。

猜谜语商店

②上海小吃。幼儿共同搜集上海小吃的宣传图片，用不同的材料做生煎包、春卷、小馄饨等上海小吃。

活动材料

上海小吃店

制作上海小吃

（2）理发店。

幼儿利用正反两面镜子观察自己的正面和背面，用线描的方法模拟理发，既画出自己正面的面容，又描画出背面的发型，由此创造出许多新的发型，体会理发师的工作。

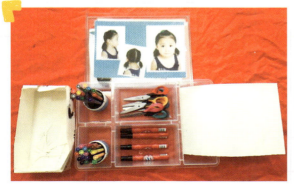

利用正反两面镜子观察自己的正面和背面

用线描的方法模拟理发

（3）自制工作牌。

幼儿尝试绘制不同的工作牌,并将其广泛用在角色游戏中,使角色身份更明确。

尝试绘制相应的工作牌

戴着工作牌工作的幼儿

此实例围绕着"一条路"的场景展开，再现了幼儿的生活经验，由场景引导幼儿联想到路上的人。虽然幼儿表现的人物多以正面直立为主的方法不变，但是通过变化不同人物的特征（变高变矮、变男变女等），创造出了不同的角色形象，如爸爸妈妈、大人小孩以及不同职业的人。我们把这一策略称为"方法不变内容变"。

变男变女、变高变矮、变大变小，还有不同的服饰

当幼儿将自己画的人放在"一条路"的场景中，不同的场景内容引发了他们进一步关注：这些人在路上干什么？于是，简单场景中出现了新的情节，例如：电影散场了，大人带着小孩从影院走出来；妈妈抱着宝宝在人行道上等绿灯通行；排队买上海小吃的人们等。幼儿将这些自己画的人物摆放在不同的场景中，不断变化出新的情景。仍然是这些不变的人群，但在不同的场景中，排列的方式可以千变万化。即使是在同一场景中，不同的幼儿摆放这些角色的位置也各有千秋。这就是"内容不变方法变"的策略。

同样是这些人，但可在不同场景里摆放出不同的位置

为做到"内容不变方法变"或"方法不变内容变"，教师应尽量将活动区环境的内容做到"精简"。"精"——精选和幼儿生活经验息息相关的内容，以便幼儿从场景内容中获取"变化"的灵感。"简"——简化场景，留给幼儿自如变化的空间，激发幼儿的求变思维，推动幼儿的创造表现。

三、在探索与发现之间提供支持

美术活动区是引发幼儿探索和发现的过程性活动。教师应有敏锐的洞察力去捕捉，有足够的耐心去等待，并善于倾听幼儿的解释，接受幼儿与成人不同的思考方式，对他们的探索方式和发现给予理解、尊重和支持，关注他们从探索到发现这一过程中的精彩瞬间。

大班主题"我们的城市"

1. 要求

（1）有兴趣关注我们所居住城市的日新月异的变化，感受生活越来越美好。

（2）乐于探索各种不同的表现方法，大胆创造新内容和新形象，尽情表现对周围事物的认识和情感。

2. 内容

（1）周围的建筑。

幼儿从自己最感兴趣的周围的建筑物或著名的建筑物入手，观察记录它们各不相同的特征。

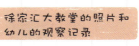

徐家汇大教堂的照片和幼儿的观察记录

我喜欢的建筑

上海展览中心的照片和幼儿的观察记录

感受各不相同且各具特
色的老房子和新建筑

（2）学做工程师。

　　幼儿在点针纸上描绘自己观察的房屋，再用彩色橡皮筋在钉板上勾勒表现，探索如何用橡皮筋拉出不同的线条以表现出自己观察的建筑，以及不同外形特点的建筑与钉板上对应的位置变化。

点针纸

幼儿在点针纸上描绘自己的观察记录

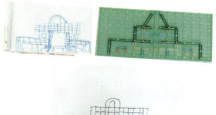

根据点针纸上的建筑图纸，用彩色橡皮筋在钉板上勾勒出自己喜欢的建筑物

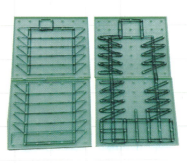
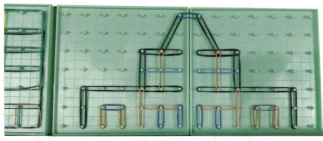

幼儿作品

（3）纸牌屋。

纸牌屋是当时颇为盛行的一种利用纸牌搭建的游戏。有幼儿将这一游戏带到了幼儿园,我及时引入这一时尚游戏,激发了幼儿的挑战欲,幼儿开始了对纸牌屋的探索尝试。起初,幼儿搭建的纸牌屋无法站稳,原因在于桌子表面太光滑。幼儿开始进行了各种尝试,比如在地板上、塑料垫子上搭建等,但效果都不理想。最终,幼儿从盥洗室取来了毛巾,垫在纸牌下面增加摩擦力,如此一来便使纸牌屋成功站立起来了。

毛巾

幼儿搭建纸牌屋

教师通过观察,及时发现纸牌屋小达人,不断分享纸牌屋小达人搭建的窍门,引发幼儿从搭建纸牌屋向用纸牌搭建城市雕塑拓展。

造型的独特

你来

运用的方法多（如将纸牌折一下搭、斜着搭等）

小达人的纸牌屋作品

幼儿从搭建纸牌屋拓展,采用剪一刀接插的方法,做起了城市雕塑。

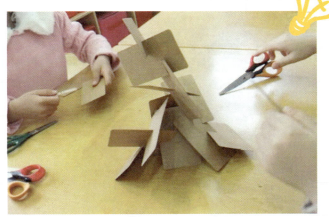

搭建城市雕塑

（4）新车上路。

在汽车制造厂里,幼儿当上了制造汽车的师傅,还将制造汽车的师傅分为三个级别:能够以将纸对折后添画的方式造出汽车的被称为"小师傅";能够为汽车添加特征,从而制作出不同功能车的被称为"中级师傅";能够用各种纸盒造出能开动的纸盒车的被称为"高级师傅"。幼儿从"小师傅"到"中级师傅"再晋升到"高级师傅",在登上"高级师傅"的榜单后,就可以用自制车辆参加纸盒车比赛。

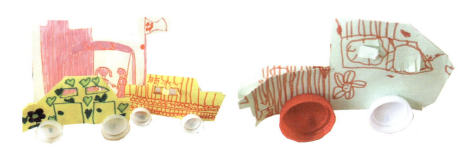

以将纸对折后添画的方式造汽车（小师傅）

添加特征的功能车（中级师傅）

用各种纸盒造出能真正开
动的纸盒车（高级师傅）

用自制车辆开展纸盒车比赛（比速度或造型）

（5）上海一日游。

随着主题的推进,幼儿所积累的城市相关经验日益丰富,综合这些经验,我们开展了"上海一日游"的活动。幼儿根据各自所长分工合作,共同制作模拟地图,描绘城市道路,布置各个景点,玩起了"上海一日游"的游戏。幼儿用自己通过探索而获取的经验,以及自己制作的作品,玩自己定规则的游戏,其乐无穷。

幼儿自制的汽车

幼儿自制模拟地图

幼儿绘制的上海新旧建筑

规则

（1）幼儿先布置各个景点。

（2）幼儿商议寻找的目的地是新建筑还是老房子，通过骰子标志区分，以此来寻找相应的建筑。比如这次幼儿确定找老房子，那就必须在骰子显示的是老房子时，才可将车开到相应的建筑物处。

（3）幼儿将车开到相应的建筑物后，需要说出建筑物的名称，如果说对了，就表示到达一个目的地。相反，如果骰子显示的是新建筑，那就要暂停一次。最后比一比谁游览的建筑物多。

布置场景

将车开到建筑物前

掷骰子

在这个实例中，处处显现着幼儿探索和发现的智慧。

以"学做工程师"为例，该活动大多数都有必须在一块、两块或四块钉板上拼接的（四四方方）操作规定，但教师及时捕捉幼儿根据建筑物外形改变钉板拼接位置的创意，取消了刻板的规定并及时分享，引发幼儿更多的千变万化的造型创意。

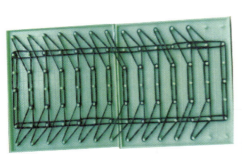
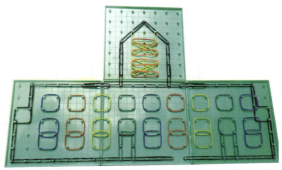

从四四方方的钉板到富有创意的钉板拼接方式

教师让这名幼儿将自己的创意拼接经验分享给同伴，介绍自己的想法。随后，教师又启发幼儿，如果要拼搭两边尖顶的教堂，可以怎么拼接钉板呢？鼓励幼儿在后继活动中尝试新的拼接方式。

　　"纸牌屋"活动也是如此，从如何让纸牌站起来，到纸牌拼搭叠加，幼儿在一次次尝试中发现折叠、借力、增加摩擦等让纸牌不倒的办法。教师在分享纸牌屋小达人的创意作品（直接经验）的同时，提供了别具一格的纸牌建筑供幼儿欣赏（间接经验），给幼儿更多的启示，推动幼儿对城市雕塑的新探索。活动中，幼儿表现出的积极探索和发现，与环境中教师的角色从无所事事的旁观者转变为及时捕捉创意的观察者、以我为中心的指挥者转变为适时推动幼儿活动的支持者密不可分。

　　纵观小、中、大班三个活动区的主题进展过程，即小班幼儿从娃娃家做点心到模拟成人上班，中班幼儿从简单的一条路到不同的人在路上做不同的事，大班幼儿从看看画画周围的房子到玩上海一日游，既看到了活动区环境伴随着内容的拓展而不断日新月异，也发现了幼儿从已知到未知，在变与不变的探索和发现中获得的发展与成长。

　　我们力求利用活动区的环境引发幼儿对生活的关注，不用简单划一的标准来衡量每个幼儿，激发幼儿内在的表现欲望，支持幼儿有兴趣地、主动地投入活动。当幼儿真正成为活动区环境创设的主人时，一定会有更为精彩的发现，并体会到通过努力获得新知所带来的喜悦。

教师必备专业技能：观察与回应

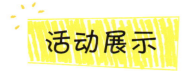

活动展示

活动4-1　小飞机的航空表演（小班）

执教教师：方　丹

一、要求

（1）尝试根据自己的想象用轻质彩泥和水彩笔自由涂鸦，能逐步形成简单的符号图像。

（2）体验装扮小飞机飞行的情景，喜欢模拟小飞机进行航空表演。

二、流程

当飞机从空中飞过，幼儿都会抬头观望，有时还会瞧见"残留"在天空中的一条条长长的"尾巴"。"尾巴"随着风儿吹动，开始变胖或变小，幼儿看到这样的变化后往往会兴奋不已。这样的场景能给幼儿留下很多想象的空间。为了满足幼儿的好奇心，我们在活动区开展了"小飞机的航空表演"的内容，旨在通过各种方式让幼儿身体力行地再现飞机飞行的情景，在此过程中拓展幼儿对不同材料的探索与使用，为幼儿提供大胆涂鸦并逐步形成简单的符号图像的机会。本活动共经历了三个阶段。

第一阶段：小飞机喷气

在活动初期，我们提供了各种飞机喷雾表演的照片，以此激发幼儿观察、讨论的兴趣。在选择这些照片的过程中，我们进行了一些思考，力图尽可能地展现不同形状、不同颜色的飞机喷雾

各种飞机喷雾表演的照片

画面，例如：有的是飞机改变了飞行的方向，使喷雾形成了皇冠图形；有的是飞机排成一排，在同一方向、同一弧线飞行，从而出现了彩虹喷雾；还有的是几架飞机聚集在一起排好队飞行，喷出了房子形状的喷雾。这些照片一下子吸引了幼儿，从而引发他们提出了很多问题，例如：飞机怎么会喷雾的？（不是所有的飞机都会喷雾，只有喷气式飞机会喷出好看的喷雾）这些喷雾像什么？（幼儿有目的地观察画面并想象）为此，教师不失时机地引导幼儿展开充分的想象。一时间，幼儿想象出了许多有关飞机喷雾的画面。

　　在活动中，我们根据幼儿的想象剪出飞机喷雾的轮廓，鼓励幼儿将彩泥填充在轮廓里。同时，我们还布置了蓝天与泡沫小飞机的场景，并在场景上方装上滑轮，这样只要幼儿将自制喷雾贴在小飞机后面并拉动鱼线，小飞机就能拖着长长的喷雾飞上天。以后只要幼儿想象出喷雾的画面，教师就立即现场剪出轮廓，让他们模拟飞机在天空喷雾的场景，使得喷雾的内容逐渐增多。在实际的活动中，幼儿特别钟情于让小飞机飞上天，每天都有许多幼儿参加该活动，玩了很长时间还乐此不疲。

教师根据幼儿想象剪出喷雾的轮廓

幼儿以拉伸的方式将彩泥填充在轮廓线内

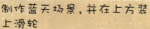

制作蓝天场景，并在上方装上滑轮

幼儿拉动鱼线，模拟飞机的喷雾表演

用鱼线将塑封纸悬挂于滑轮中

想一想：
　　为什么我们要选择塑封纸和鱼线？

TiPs

我们在鱼线下端装了"拉环"（用扭扭棒做的），方便幼儿上下拉扯；在"拉环"上粘了些蓝丁胶（俗称宝贴），方便幼儿固定飞机。

在活动的过程中，幼儿萌发了一些自己的想法。例如：

想法1：可以在喷雾中一次填入多种颜色的彩泥吗？

只填入一种颜色　　　　　　　填入更多颜色

想法2：彩泥的颜色可以自己调配吗？

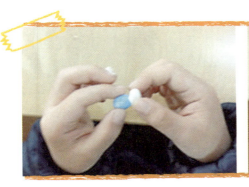

两种颜色揉在一起，变出新的颜色

第二阶段：装扮小飞机

过了一段时间，每天重复的"平面飞行"（在布置的场景中飞行）渐渐不能满足幼儿的活动需要，我们就及时改变玩法，利用大纸箱制作纸盒飞机，让幼儿成为一名"真正"的飞行员。幼儿可以"站进"飞机里，身临其境地飞行，而机身上的装扮正是幼儿的彩泥喷雾作品，他们可将自己选择的各种自制的喷雾图片粘贴在机身和机翼上，还可在机身或机翼的空隙处添画，使飞机更漂亮。

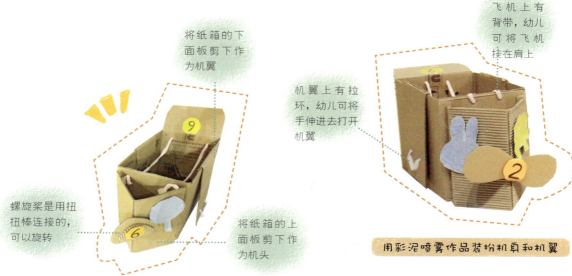

将纸箱的下面板剪下作为机翼

螺旋桨是用扭扭棒连接的,可以旋转

将纸箱的上面板剪下作为机头

用大纸箱制作纸箱飞机

飞机上有背带,幼儿可将飞机挂在肩上

机翼上有拉环,幼儿可将手伸进去打开机翼

用彩泥喷雾作品装扮机身和机翼

在幼儿的活动过程中,我们发现幼儿玩飞机飞行很开心,可是飞机多了很容易互相碰撞,为此我们和幼儿共同设置了飞行路线和起始点。幼儿"升上"纸箱飞机,开始沿着飞行路线(地面上的云朵图案)飞行。这样的飞行情境性更强,幼儿能自发地进行避让,有效地避免了飞行中的碰撞。可见,材料的改变重新点燃了幼儿对"飞机喷雾"的兴趣,也进一步提升了幼儿根据自己的想象命名涂鸦和表现图像的意识。

用云朵设置飞行路线和起始点

幼儿将喷雾作品贴在机身上

幼儿穿戴纸箱飞机,变成了飞行员

材料准备

彩纸

胶棒

水彩笔

活动区材料

第三阶段：小飞机表演

如果说前面阶段的装扮小飞机是一次试飞,那么小飞机表演才是真正的喷雾飞行。

活动现场

一起看

我们一起来看一下整个活动的现场视频吧!

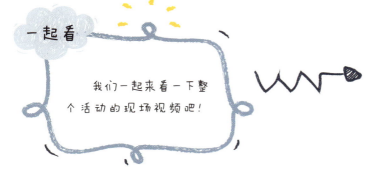

1. 活动区环境

照片展示

蓝天场景

纸箱飞机

喷雾设计区

云朵跑道

活动区全景

2. 活动过程

（1）我们为幼儿准备了长条纸（当喷雾）和水彩笔（当汽油），鼓励幼儿在长条形的色纸上大胆涂鸦，以此来模拟给飞机加油。

用水彩笔在长纸条上涂鸦

TiPs

在这个环节，教师需要提醒幼儿"把油装得满满的"，这样幼儿创作的画面才能更饱满。

（2）幼儿将长条纸贴在纸箱飞机的尾翼上，开始沿着飞机（云朵）跑道飞行。这样，幼儿在跑动时，纸条会随着飘动，就产生了喷雾的视觉效果。

（3）幼儿每跑一圈，就需要为飞机加油。他们可再选一张长条纸，涂鸦后粘接在原来的纸上（接着贴），也可粘贴在原来纸的边上（平行贴），然后再开着飞机"升空"飞第二圈。

将纸条贴在飞机的尾翼上，模拟喷雾表演

平行贴

接着贴

每加一次油（涂鸦）就飞行一次，然后再加油才能再次飞行

（4）由于幼儿自己在飞行时是看不到喷雾的，因此我们安排了一个观看表演的环节，即幼儿逐一进行飞行表演，其他幼儿在旁边欣赏。

喷雾在加长或加宽后显得更为生动，逼真的喷雾让幼儿兴趣十足，再次激发了幼儿涂鸦的兴趣。在此过程中，很多幼儿已能尝试画出简单的符号图像。

3. 观察与引导

从幼儿的作品中，我们能了解幼儿所形成的符号图像的不同水平，这些都是幼儿在活动中自己生成的内容，需要教师仔细观察和分析。

在这名幼儿画的"圆形"中，经仔细观察可以发现，其实中间还有爱心形、三角形以及一些不封闭的圆形，而且几个图形之间还有交叉，这体现了幼儿手眼协调能力的发展水平还需提升。

这是一幅命名图像。幼儿已经能从无意识地涂鸦转换到有意识地命名涂鸦，而且所有的连接都是图形与图形的连接，这也是幼儿在进步的表现。

从这幅图可以看出，幼儿已经形成了自己的符号图像——火车。这并不是由教师教的，而是幼儿自己将想要表现的图像通过笔触自由地表达出来。此外，这幅作品除了有图形与图形的连接外，还出现了与线条的连接，这为以后幼儿画人物等其他图像打下了很好的基础。

从这两幅图可以看出，幼儿一开始画的都是直线，逐渐地出现了线条和图形的组合（模式），这体现了幼儿逻辑思维能力的发展。

4. 幼儿作品

小飞机的喷雾

三、感悟

从幼儿的作品中，我们清楚地了解到他们形成自己符号图像的过程，有的作品体现了"单个图形的独立存在—图形出现交叉—命名涂鸦（花、游船等）—有图形、有线条、有细节的、复杂的符号图像"这一发展过程；有的作品体现了"单一的线条—线条图形的模式化排列涂鸦"这一过程。这些发展过程让我们看到了幼儿逻辑思维能力的发展，这为其以后的装饰作品积累了经验。另外，这些作品告诉我们：幼儿在涂鸦的过程中已逐步形成自己的符号图像，并在不断发展着。

此外，在这个过程中，我们也发现有一个内容可以稍作调整。对于小班的幼儿来说，可以将停放飞机的方式从数字匹配调整为图片配对，如：花朵、太阳、动物等图片的配对，这样更利于幼儿记住自己的飞机，便于他们对"图"停机，还有助于提升幼儿对符号图像的配对意识。

随着活动的开展与推进，我们进行了一次又一次的调整，具体内容有以下三点：

1. 调整要求

活动初期，我们尝试让幼儿自己画图像，然后再填充彩泥，结果发现幼儿虽能想象许多内容，但他们画的内容与其想要表达的图像尚有很大距离。有的幼儿虽然喜欢这个活动区，但却因在画图像上受挫而放弃。经过分析，我们认为小班幼儿尚处于涂鸦阶段，大都只是在画无意间积累的简单符号，我们不能勉强幼儿去表现他们还没有能力表现的内容。为此，我们将活动的要求改变为：先征求幼儿的想法，然后依照幼儿提出的内容由教师画出简单的轮廓，并让幼儿在轮廓中填入彩泥。活动要求改变以后，参加的幼儿马上多了起来，很多幼儿还会主动要求教师根据他的想法来为其提供图像。渐渐地，在教师的鼓励下，越来越多的幼儿试着自己涂鸦符号或简单图像。

调整前　　　　　　　　　　　　　　　调整后

2. 调整材料

在引导幼儿用长条纸做飞机喷雾的时候,为了方便幼儿涂鸦,最初我们给幼儿提供的是较宽的纸条,并用缝纫机在纸条中间踩了洞,让他们一剪二粘接。但是我们发现,当幼儿将纸条剪开后,图像就被破坏了,使之无法分辨。为此,我们立即将提供的较宽纸条改为稍窄的纸条,让幼儿开着飞机飞一圈粘一条。这样既满足了幼儿喜欢飞行的意愿,也做到了活动的动静交替。

较宽的用缝纫机踩洞的纸　　　　　　　　图像被破坏

稍窄的纸条　　　　　　　　　　　　飞一圈粘一条

之后，我们又将炫彩棒调整为粗的水彩笔，将水彩笔的颜色由浅色改为深色，使图像符号更为清晰。当幼儿开着飞机飞行数次以后，粘贴的纸条越来越多，图像和颜色也随之增加，喷雾也越来越好看了。

用炫彩棒涂鸦，涂色多、造型少，且又费时

用较粗的深色水彩笔涂鸦，使图像符号更清晰

3. 调整玩法

最初，我们在设计玩法时，没有设计飞行路线和起始点，这使得幼儿与同伴在飞行时容易相撞，玩得很不顺畅。于是，我们及时做了调整。首先和幼儿一起商量简单的规则，即设置了以"白云"为提示的航线，再提醒幼儿在飞行中注意避让白云（绕着白云走），因为飞机钻到云层里就看不见前面的航线方向了。可见，在这个活动中，制定简单的飞行规则是十分必要的。

没有设置飞行航线，幼儿容易相撞

设置以白云为提示的飞行航线，制定出起始点

通过这次活动区的活动，我充分感受到：开展美术活动区不但需要活动前的精心设计，而且还要不断关注幼儿在活动中的表现并及时作出回应，同时采取相应的调整策略，这样才能让幼儿在活动区中玩得更快乐、更顺畅，获得更多的体验与发展。

读书手记

活动4-2　粉刷匠（小班）

执教教师：韩兴珏

一、要求

（1）初步尝试运用对角折的方法按步骤折叠帽子，并学着将自己装扮成粉刷匠。

（2）模拟粉刷匠为房屋刷上好看的颜色和符号，利用房屋开展活动。

二、流程

幼儿在"小猫在哪里"活动之后做了很多的动物，如猫、狗等，这些动物都在草地上玩，它们需要有个家，因此教师在活动区安放了用瓦楞纸做的纸板屋，还和幼儿一起唱起了《粉刷匠》这首歌：

> 我是一个粉刷匠，粉刷本领强，
> 我要把那新房子，刷得更漂亮，
> 刷了房顶又刷墙，刷子像飞一样……

通过一起唱歌，幼儿有了参与活动的兴趣，也有了装扮成粉刷匠去粉刷房屋的愿望，于是"粉刷匠"这个美术活动区活动就这样展开了。

用瓦楞纸做的纸板屋

第一阶段：粉刷匠来到材料间

为了让幼儿能在活动区里充分感受粉刷匠的角色，体验涂涂刷刷的乐趣，我们将三个纸板屋放在活动室外宽敞的走廊上，并为幼儿准备了工作衣、颜料桶、大刷子。小班幼儿虽然喜欢做粉刷匠，但是对于粉刷匠工作时所需的材料、粉刷的步骤等都不熟悉。所以在这个阶段，我们要做的就是帮助幼儿了解粉刷匠的工作程序：第一，穿上工作衣；第二，拿上粉刷桶和刷子；第三，在屋顶上寻找和粉刷桶里颜料颜色相对应的记号；第四，开始模拟粉刷。

在活动过程中，我们发现了一些问题。第一，教师提供的工作衣（倒穿衣）虽然好穿，但对于小班幼儿来说，还是有点费劲。第二，幼儿应先穿好衣服，然后再去拿粉刷桶和刷子，可有的幼儿拿了桶却忘了穿衣服，打乱了工作的顺序。第三，幼儿该怎样涂颜色呢？怎样才能让幼儿找到

穿上工作衣　　　　　拿上粉刷桶和刷子　　　　　寻找对应的记号

对应的颜色呢？为了解决第三个问题，我们在每一个纸板屋上都做了标记，例如，如果这个纸板屋是要涂成蓝色房顶的，我们就在顶上涂一点点蓝色；墙面要涂成黄颜色的，我们则涂一点点黄色。由于幼儿拿粉刷桶的时候，一般是随机选颜色的，这样他们就需要找到和自己桶里颜色一样的地方去涂色。

颜色提示

TiPS

在这一阶段，教师安排幼儿涂色的时间可以适当缩短一些，因为此时活动的重点不是涂颜色，而是让幼儿了解工作顺序。待幼儿对这些工作熟悉了，我们再将重点落在模拟粉刷上。

第二阶段：粉刷屋顶

我们鼓励幼儿先从面积较大且平坦的屋顶开始粉刷。最初，幼儿在接触陌生的刷子和颜料时都很小心，一直在很小的范围内来回刷颜色或没有固定方向地随意刷，于是教师就及时做了一个小提示——排队走。

就这样，在教师的鼓励下，幼儿的情绪渐渐放松下来，"粉刷匠们"越干越起劲儿。持续一段时间后，三个纸板房焕然一新，连门窗也有了好看的颜色。

小刷子蘸颜料，可以直直地横着排队走，可以直直地竖着排队走。

没有固定方向地随意刷　　　　　有方向地刷

第三阶段：做顶帽子

在幼儿熟悉了活动顺序和粉刷的方法以后，为了提高他们的兴趣，我们又加入了一个新环节——给粉刷匠做顶帽子。

通过教师折一折、幼儿说一说的方式，再现幼儿之前折叠猫、狗、娃娃的经验，尝试折叠帽子，让活动更富情境性与趣味性。在做好帽子后，幼儿就可以继续按原有的工作顺序开工粉刷了。

材料准备

报纸

折叠好的帽子

活动区材料

活动现场

一起看

我们一起来看一下整个活动的现场视频吧！

1. 活动区环境

纸板屋

操作台

油漆桶

活动区全景

2. 活动过程

（1）幼儿自己穿工作衣、拿油漆桶。

（2）幼儿根据提示粉刷纸板屋。

（3）教师手拿折好的粉刷匠帽子导入。师：小朋友们，你们看我戴的是什么？是粉刷匠的帽子，你们想不想要一顶这样的帽子呢？

（4）教师示范粉刷匠帽子的折叠方法。

幼儿根据屋顶上的橙色瓦片（提示）刷橙色油漆

教师示范

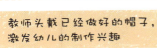

教师头戴已经做好的帽子，激发幼儿的制作兴趣

TiPS

教师在示范的过程中，要注意激发幼儿回忆之前的折叠经验。例如可以问问幼儿：对角折两次这个方法，我们在做什么东西的时候也用过呀？

（5）幼儿自己折叠粉刷匠帽子。

（6）幼儿戴上自己做的帽子继续粉刷房子。

（7）下班了（老师打铃），幼儿将油漆桶先放好，再脱帽子，最后脱掉工作衣。

幼儿折叠帽子

3. 观察与引导

当幼儿折好帽子但不知道怎么打开时，教师可以引导：找到中间的那个洞，再打开看一下。

4. 幼儿作品

粉刷匠的帽子

第四阶段：装扮屋顶

"被粉刷好颜色的屋子该请谁住一住呢？"教师进一步启发幼儿想象，让幼儿通过涂刷相关的符号来邀请动物们入住。当小房子有了新主人，新的活动"动物新村"也就从这里开始了。

装扮屋顶

三、感悟

1. 小班的活动区既要注重情境、童趣，也要注重规则、顺序

活动区的情境有趣且材料丰富，能赋予幼儿放松、自由的内在感受，这样容易延长幼儿在其中活动的时间。但是，在富有情境、童趣的氛围中，活动区也需要建立相应的规则。记得在幼儿初次尝试粉刷屋顶的时候，总会出现一些状况，比如有的幼儿忘穿工作衣，有的幼儿不按颜色提示随意粉刷，还有的幼儿听到下班信号后直接离开（忘了物归原处），使得有趣的活动变得凌乱、无序。为此，我们在投放材料和安排活动环节时，都必须考虑到如何让活动有序推进。

小班幼儿是直接行动型的，我们曾尝试过用口头提示、示意图、步骤图的方法来帮助他们了解工作环节，但这些方法的效果都不太理想。经过分析，我们需要让幼儿在操作和行为中去了解和感知。比如说最开始的时候，幼儿应当做好三件事情：第一件是穿好工作衣，第二件是拿油漆桶，第三件是去找对应的颜色。教师的引导重点就是按顺序强化幼儿对穿工作衣、拿油漆桶、涂色这三件事的了解。在这个强化的过程中，我们适当缩短了幼儿涂颜色的时间。当听到下班铃声时，幼儿的工作顺序是放油漆桶、脱工作衣、下班。当幼儿熟悉了这些工作

小班活动区要注重规则和顺序

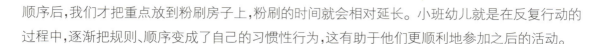

顺序后，我们才把重点放到粉刷房子上，粉刷的时间就会相对延长。小班幼儿就是在反复行动的过程中，逐渐把规则、顺序变成了自己的习惯性行为，这有助于他们更顺利地参加之后的活动。

2. 小班的折纸既要简化步骤，也要反复再现经验

教师要尊重幼儿的逻辑思维能力水平，当幼儿掌握某一折纸要领并尝试新的方法时，教师可省略他们已掌握的那些方法（简化步骤），以便于幼儿学习和掌握。在本次折帽子的活动中，一共有以下四步：

（1）对角折两次，打开（折猫、狗、娃娃的已有经验）。

（2）一角向中心折，打开。

（3）两角对折线折（折娃娃的已有经验）。

（4）一角向上折，翻个身，另一角向上折（折帽檐）。

其中第一步"对角折两次"是幼儿的前期经验。这个动作其实可以细分为四个步骤：对角折（两角对齐）、压平折边、再对角折、压平折边。由于幼儿在以往折猫、折狗、折娃娃的过程中，已经反复操作且掌握了这些步骤，因此，在第三阶段的活动过程中，我们通过提问来唤起幼儿的回忆。我们问幼儿"这是怎么折的？我们在折什么的时候折过这样的？"以此来引导幼儿再现已有经验，并将四个步骤简化为对角折两次这一个步骤。在简化步骤后，幼儿能自如地把握折叠方法，提高折纸的兴趣，推进折纸能力的提升。

简化步骤后，幼儿能自如地把握折叠方法

教师在讲解折纸步骤的过程中，要将新内容同幼儿以前折过的事物建立联系。比如折帽子的第三步是"两角对折线折"，如果幼儿以前有折娃娃的经验，教师可以通过提问来帮助幼儿回忆之前的折纸经验，如"以前我们折娃娃的时候有没有折过这一步？""对呀，就和折娃娃一样。"那么，幼儿就会通过回忆将抽象的术语转变成具体形象的内容，再现之前的经验。

一起做

我们也一起来做一做粉刷匠的帽子吧!

粉刷匠的帽子

总之,在美术活动区中,我们必须考虑什么是幼儿已有的经验、什么是幼儿新的经验,做到承上启下、温故而知新,这样幼儿会更有自信,觉得自己不仅有能力做,而且可以做得更好。

读书手记

活动 4-3 看夕阳（大班）

执教教师：姜 岚

一、要求

（1）观察夕阳绚丽的色彩，尝试运用炫彩棒溶色的方法加以表现。

（2）探索并运用剪出轮廓、镂空的剪纸方法，剪出各种夕阳下的黑影，表现夕阳下的情景。

二、流程

此活动源自幼儿对周围世界的关注——欣赏绚丽晚霞和多彩剪影美景的经验。在此基础上，引出了这一活动区的内容和创意。本活动区共有三个阶段的发展过程。

第一阶段：欣赏表现夕阳

春去夏至，白天越来越长，幼儿在傍晚经常能看到不同色彩变幻的美丽晚霞，这引起了他们的密切关注。一位家长在和孩子观看夕阳时，情不自禁地拿起手机拍摄。我们将这张夕阳的照片布置在了环境中，引发了更多幼儿和家长的兴趣，于是"看夕阳"成了大家交流的热门话题。

我给夕阳裁衣服

我们及时抓住了这个幼儿观察自然现象的契机，有意识地选择李商隐的古诗《登乐游原》，选取了其中的名句"夕阳无限好，只是近黄昏"给幼儿欣赏、诵读，由此拉开了活动区"看夕阳"的序幕。

活动最初，幼儿虽然欣赏了各种不同的夕阳照片，初步体会到夕阳的色彩美，但是幼儿往往只觉得夕阳是五颜六色的，却不知道怎样涂抹才能使作品的效果符合自己的观察印象。于是，我们从幼儿的思维发展特点——具体形象性入手，先让幼儿自主学习如何分辨色彩，使他们能够有目的地选色，最终提升幼儿的观察能力。

为此，我们开展了"我给夕阳裁衣服"这一分辨颜色的活动，即我们提供了不同颜色的小卡片，引导幼儿在照片中寻找夕阳所对应的颜色并将相应颜色的小卡片排列在照片下方。

经过看一看、说一说、选一选、对一对的活动过程,幼儿发现了夕阳不但美丽而且还有不同的色彩。当幼儿有了这些经验,我们便启发他们利用炫彩棒画一画夕阳的美丽色彩。

虽然大班后期的幼儿都已经能比较自如地把握炫彩棒蘸清水晕染的方法,但真要他们画出一片美丽的天空,仍然不是一件容易的事情。随着活动的推进,幼儿从起初的埋头于随意涂色到慢慢学会观察,他们能够进行有序的思考,并按"选卡片—找颜色—配对炫彩棒—有目的地边看边涂"的步骤进行活动。

一起做

我们也一起来画一画美丽的夕阳吧!

美丽的夕阳

适度的挑战也给了幼儿更多探索的机会。他们尝试在不同材质、色彩的纸上晕染,在操作探索中发现了底板基色和炫彩棒晕染之间的色彩变化关系,能够自主寻找又快又好地表现美丽夕阳的方法。他们在白色铅画纸、吸水性强的水彩纸、淡色系的铜版纸等纸张材料的使用和比较中发现,铜版纸的效果最好,因为其材质光滑又不吸水,炫彩棒所表现出的色彩可以被轻而易举地晕染成各种深浅的变化。

幼儿运用炫彩棒表现夕阳的美

第二阶段：夕阳下的剪影

幼儿单看夕阳照片，仅是关注夕阳的美丽色彩，渐渐地，他们不再满足于此。此时，我们从众多的夕阳照片中筛选了一些有剪影的照片，这些多姿多彩的剪影无形中也赋予了幼儿新的创作内容。幼儿发现结合剪影的夕阳比自己仅单一地表现夕阳的作品更好看、更有趣。此时，他们的注意力就从关注夕阳的颜色转向发现夕阳下丰富多彩的活动。为此，除了从家长那里收集他们所拍摄的夕阳照片之外，我们还及时搜集了更多的剪影图片并将其补充到环境中，从而丰富幼儿可欣赏的内容，同时引导幼儿对自己最感兴趣的内容进行分辨和谈论。

剪影图片

在开展这一活动之前，幼儿在平时已经积累了一些剪纸方法，例如：沿轮廓线剪（树）、图形拼贴剪（房子）、整体剪（小狗）、对称镂空剪（蝴蝶）等。我们在环境中呈现幼儿以往的相关剪纸作品，将同类型的剪纸按照难度进行分类，便于幼儿在确定想要表达的内容后寻找适合自己的剪纸方法。

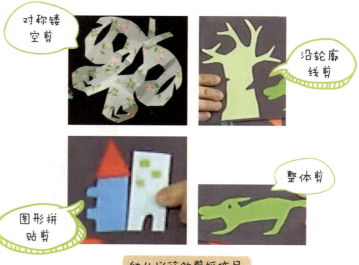

对称镂空剪

沿轮廓线剪

图形拼贴剪

整体剪

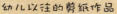

幼儿以往的剪纸作品

将"废纸"变为"宝贝纸"

在此，一些"剪纸小老师"大显身手，参加了运用"边角料"粘贴构成更为生动的形象的活动，发现原来的"废纸"都是可以变成有用的"宝贝纸"的。

旧报纸和各种不同尺寸的纸张

Tips

对于有些剪纸不熟练的幼儿，教师可在环境中提供步骤图，让幼儿观察折叠的方向、剪的部位等，让他们先用旧报纸进行尝试，熟练后再尝试剪"手拉手的小朋友"、"小草"等内容。教师还可以将幼儿剪成的作品呈现出来，帮助他们建立信心，同时还可以激励更多的幼儿勇于尝试，从而表现更丰富的作品内容。

我们还提供了各种不同尺寸的纸张，方便幼儿可以自由地选择这些纸张来做"镜框"，并将作品布置在一起互相比较，交流"怎样将大小不同的黑影贴在一起"的话题，使幼儿开始关注如何更充分地在画面中表现内容。

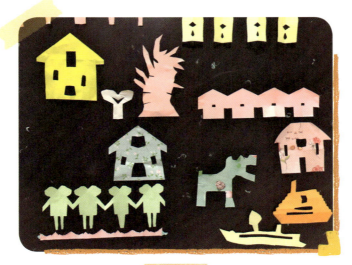

剪纸作品

第三阶段：夕阳下的故事

这是上述两个阶段之后的"二合一"的活动区。幼儿已经积累了关于"夕阳色彩"和"剪影"的相关经验，能按照自己的意愿选择其中的一个内容，或画（夕阳），或剪（黑影），或贴（将黑影组合构成画面）来进行作品的创作和组合。也就是说，这些现场的作品不是某个幼儿的作品，而是好几个幼儿合作的创意。不过，无论幼儿选择哪一种表达方式，这些作品都伴随着他们的探索与思考。

TiPS

在活动区前期的开展过程中，教师要注意观察幼儿参与炫彩棒晕染区域或剪纸区域的频率。一般情况下，教师可鼓励幼儿按照自己的兴趣爱好选择画夕阳或剪影子，但当幼儿出现热衷于某一表现形式而从不体验另一种形式时，教师就需要及时引导。

◎ 材料准备

炫彩棒
不同底色的纸
夕阳照片
清水
区域的材料炫彩棒画夕阳

不同尺寸的黑纸
宝贝纸桶
剪刀
剪影照片
宝贴

剪贴黑影区域的材料

想一想：
为什么不用固体胶来粘贴剪影？

 活动现场

一起看

我们一起来看一下整
个活动的现场视频吧！

1. 活动区环境

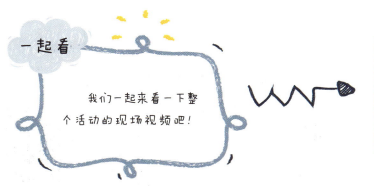

展示幼儿
的作品

展示幼儿的
作品

活动区全景

2. 活动过程

（1）幼儿按照自己的兴趣喜好选择其中一个区域进行创作。

幼儿选择一个区域进行活动

剪好的作品排成一排，供同伴们选择

（2）幼儿将两种不同表现形式的作品进行组合，即将剪影作品粘贴在夕阳作品中，以此作为分享交流的素材。

将两种不同表现形式的作品进行组合

（3）幼儿为集体合作完成的作品命名。

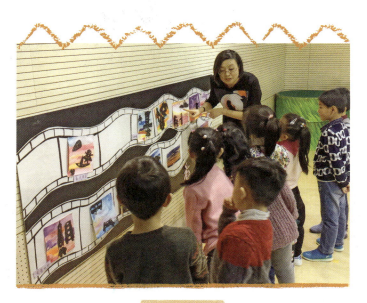

为作品命名

3. 观察与引导

在活动的过程中，教师需要思考：该如何观察和分析幼儿的发展水平？如何了解幼儿所擅长的？如何洞悉幼儿发展的瓶颈？如何有的放矢地推进活动？如何有序地开展活动？

炫彩棒画夕阳的区域：幼儿选择喜欢的夕阳图片，通过之前积累的颜色对应与匹配的观察经验进行涂染。我们为幼儿提供人手一碟的清水，是为了规避他们在表现过程中因混合使用不同颜色而弄脏画面的问题。教师需要重点关注幼儿是否边观察边操作，是否能够运用晕染的方法表现层次丰富的天空。

剪贴黑影的区域：幼儿既可以选择表现图片上的内容，也可以选择表达自己脑海中的想象。幼儿根据自己的需要，选择不同尺寸的黑纸进行剪纸表现。教师需要重点关注幼儿的求异思维，先将他们的作品集中布置在一起并供同伴自主选择，然后再让幼儿将自己选择的作品布置在夕阳天空底板上。

分享交流的侧重点在于"命名"：虽然最终的作品不属于某一个幼儿，但是幼儿可以共同为作品取名。取名的目的是为了帮助幼儿在下一阶段更有针对性地选择内容。教师在尊重幼儿主体意愿的基础上，适时适度提出建议。例如，"海豚跳跃"这个名字比"海洋动物园"更好，因为它能表现出动态的画面感。又如，之后出现了"动物园"这个雷同的命名，教师则支持了另一个更具想象力的命名，将剪影作品命名为"火箭发射"。教师需要注意的是，在每次的分享交流中，幼儿不一定都要介绍已经完成的作品，他们也可以针对未完成的作品进行讨论，从而拓展他们再次思考的空间，为下次活动区的推进留下继续探索的悬念。

后续活动区的整合：幼儿还可以利用点读笔等信息化媒体设备，让这些作品成为班级阅读区的素材库，同时使美术创意延展到更多领域。

4. 幼儿作品

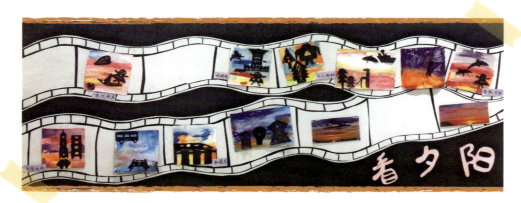

夕阳下的剪影

三、感悟

1. 关注幼儿的表现，使活动区有效推进

活动区活动的目的不是幼儿经验的简单堆砌，而应体现活动内容层层推进的逻辑性。每次活动区开展期间，教师需从发现幼儿的活动经验入手，让活动既要带着对之前问题的探究，也要蕴含对幼儿已有经验的拓展和提升。我们不建议在每次活动区中添加过多的新内容，也不建议总是重复已有的内容，以免占据幼儿宝贵的表现时间和空间。

活动区不是枯燥的技能训练，而应包含有"情"、有"意"的体验性。"情"意味着"情景"，"意"代表着"意义"。能力强的幼儿在活动区内感受到的是挑战自我，能力弱的幼儿在活动区内感受到的是突破困难，其目的都是为了帮助幼儿获得成功的体验。在本次活动中，我们主要通过以下几方面来关注幼儿的表现。

（1）剪影的大小与背景底板不匹配。当幼儿出现剪影作品"过大"、"过长"等各种问题时，教师要做到因势利导，既不随意否定幼儿，也不一味盲目地表扬，而是要尝试让幼儿自己发现作品有

"无比巨大"的一座桥（大变小）

"高耸入云"的新年树（一棵树变几棵）

哪些地方不合适,可以怎么修改等,比如"大的变小的"、"一个变几个"等。教师要告诉幼儿,对于有问题的作品,我们不能随意放弃,因为艺术无所谓对错,只要把问题解决掉,就可变无用为有用。

（2）样样都想贴上去的幼儿。大班幼儿更应关注对"关系"的思考,当幼儿出现把剪影密密麻麻全部贴上去的情况时,教师不妨建议其将剪影贴到其他背景上。教师可在分享交流中让幼儿比较疏密排列的变化,感受留出空隙就像让图画呼吸一般。教师在活动区内的心态应比在集体活动中更放松,因为"失败很正常",而失败的经验往往更可贵,更值得在分享交流环节予以讨论。这种用集体的智慧来破解幼儿遇到的挫折和问题的方式,会引发幼儿对下一次活动区继续探索的兴趣和期待,而且对大班幼儿良好的学习品质的培养有一定价值和意义。

活动区的创意"上不封顶",允许幼儿不断挑战自我,在原有水平上进一步往前发展,不断突破固化的评价标准。

（3）得心应手表现造型的幼儿。面对这样的幼儿,教师仍需要关注并引导他们。例如:

长颈鹿很有创意,它在干什么? ——引发幼儿对动态剪纸的探索。

小汽车有天窗,发动机有没有? ——萌发幼儿对细节剪纸的愿望。

通过折叠剪出的小朋友是什么表情? ——推动幼儿镂空剪纸的发展。

长颈鹿在干什么　　小汽车有了三扇窗,有没有发动机　　小朋友会是什么表情

2. 关注幼儿的创意,使活动精彩无限

教师总结的指导语总让人觉得"差口气",讲来讲去都很成人化,因此教师需要倾听和了解幼儿自己生成的好方法。幼儿自己的总结往往跟着他们的感觉走,这样的"指导语"更鲜活、更具有生命力,远比教师跟着规律讲的指导语更接地气。

例如:从第一阶段就开始尝试的晕染,教师利用前期作品引发幼儿讨论,充分挖掘幼儿在活动区内自主发现的好方法并将其迁移到晕染过程中,从而把美丽的夕阳飞快地留在画面上。对于幼儿共同发现的晕染诀窍,教师可以提炼归纳为简明扼要的三句话:

（1）眼要亮——多看几眼才行,要能一下子发现夕阳的颜色。

（2）手要快——只要快就好看,两种工具左右开弓,让夕阳有更多神奇的变化。

（3）加点白——再难看也能变好看,晕染出云彩,让夕阳停留的时间长一些,黑夜迟一些降临。

眼要亮　　　　　　　手要快　　　　　　　加点白

这些指导语是来自幼儿的，是最容易被幼儿接受的语言，也体现了"向孩子学习"的儿童观和教育理念。

总之，活动区对幼儿而言，不是一次活动的开启，也不是一次活动的结束，而应成为富有挑战性、趣味性、游戏性的一段未知旅程。在其中的每一次尝试和探索，都能让幼儿发现更多样的表现方式与更丰富的创意内容。

读书手记

194

教师必备专业技能：观察与回应

主讲人：潘丽君、孙韵洁

研讨前的思考

- 当幼儿对我们创设的美术活动区不感兴趣时，我们该怎么办？
- 如何观察幼儿在活动区中的表现？我们观察的重点有哪些？
- 我们该如何从环境、材料和生成三方面来进行观察和回应？

美术活动区是帮助幼儿与外部世界沟通与交流的一扇"窗"，通过它能形成无限风光的风景线。为此，我们慎重地为不同年龄的幼儿设计活动区的环境以及操作方法，努力使美术活动区成为幼儿快乐学习的园地。在实施中我们发现，再周密的计划仅仅是活动区开始前必不可少的准备，在幼儿走进活动区以后，总会伴随着许多让我们时而惊喜、时而困惑的"意外"。

> 幼儿在活动区中的表现有着无限的可能性，这需要每一个教师用敏锐的洞察力去捕捉，用自己的专业素养去深思幼儿行为中包含的意义，思考幼儿为什么这样做。继而，教师用教育的智慧去回应，采取合适的方法去引导和推动幼儿。这样，活动区的教育效益才能达到最大化。

为此，我们将"敞开"自己在活动区背后做的主要工作——观察与回应，以期与大家共同思考。我们主要是从环境、材料和生成三方面展开论述。

一、环境

环境是活动区不可或缺的教育资源，是幼儿学习的中介。一个优质的活动区环境，必然能激发幼儿的好奇心，引起幼儿探索的欲望，也能让他们在其中充分展现自己的探索与发现。当环境不能发挥以上作用时，教师就要根据实际情况作出相应的调整。

实例展示

中班主题"在秋天里"

1. 要求

（1）有兴趣发现各种动植物的变化，体验秋季收获的快乐。

（2）观察并发现秋天绚丽多彩的颜色，运用多种材料表现秋季忙碌的景象。

2. 内容

秋天是一个抽象的概念，中班幼儿是在直接感知气候、服装、动植物的各种明显特征的过程中逐渐建立对秋天的概念的。在此，我们从幼儿最能直观感受的秋天的服装开始，引导幼儿一步步地了解秋天。

（1）弟弟妹妹穿秋衣。

首先，我们和幼儿共同搜集夏秋两季不同的服装和鞋子，引导幼儿在试穿中发现服装的变化，比如自己的衣服从短袖变成了长袖，从凉鞋变成了运动鞋、皮鞋，穿上长袖秋衣比穿夏天的短袖更暖和等。

夏秋两季不同的服装和鞋子

试穿秋衣　　　　　　　　　试穿秋鞋

之后，幼儿沿袭自己的折纸经验自制"弟弟妹妹穿秋衣"的纸娃娃。这些自制的人物也为幼儿在后续的环境中表现各种秋季活动情景创造了有利条件。

为纸娃娃穿上秋衣、戴上秋帽

（2）摘秋果。

秋季是丰收的季节，幼儿在果园和水果店里看到了秋天的水果。秋天的水果渐渐成熟了，主要有苹果、石榴、橘子、柿子等。我们对照水果店里的水果，将活动区布置成果园，里面为幼儿提供了各种果树，如：苹果树、石榴树、橘子树和柿子树等，引导幼儿用彩泥做苹果、石榴、橘子和柿子，并将水果挂满枝头。与此同时，幼儿还在果树下玩起了摘果子的游戏，体会秋收的喜悦。

幼儿玩起了摘果子的游戏

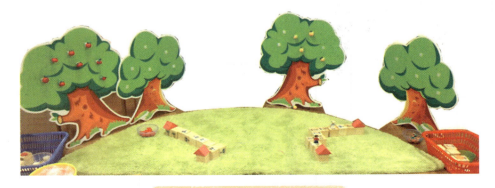

苹果树、石树榴、橘子树和柿子树

（3）扫落叶。

当秋天的树叶变颜色的时候，银杏树叶、梧桐树叶等都渐渐地飘落了下来，我们在美术活动区中也随即创设了这样的街景。

秋季街景的创设激发了幼儿活动的热情，有的幼儿将自己捡到的树叶带到活动区中，并按类摆放；有的幼儿用画笔涂画树叶，并将自己画的树叶串成门帘，或是将其剪下来撒在石子小路上；还有的幼儿拿起自制的簸箕和扫帚，一起扫起了落叶，使我们活动区的小路变成了一条美丽的落叶小路。

活动区中的秋季街景

幼儿捡拾秋叶并按类摆放

涂画树叶　　　　　　　树叶门帘　　　　　　自制簸箕和扫帚

扫落叶

经过幼儿装扮的美丽的落叶小路

（4）捉瓢虫。

在秋天，树叶下有了秋虫。瓢虫是幼儿最喜欢的一种秋虫，于是我们的活动区又增添了用折纸、泥工、绘画等方式制作瓢虫的区域。幼儿在此区域中用自制的瓢虫来装扮环境。

此外，幼儿还一起玩起了数一数瓢虫身上的点子、比一比瓢虫身上点子的多和少，以及看一看谁找到的瓢虫多的游戏。

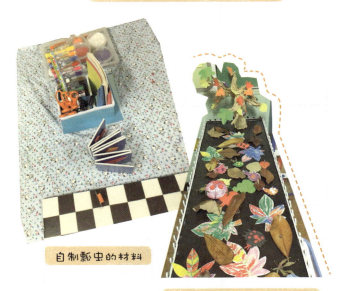

自制瓢虫的材料

从众多瓢虫中找七星瓢虫

找瓢虫的游戏

（5）螃蟹肥。

进入深秋，幼儿餐桌上的螃蟹渐渐增多，在家中吃到了鲜美的螃蟹以后，我们的活动区里也有了自制螃蟹的活动。

自制螃蟹

幼儿将这些螃蟹装进竹篓，放进蒸笼，端上餐桌，猜一猜、数一数有几只雌、几只雄。

将螃蟹装进竹篓

将螃蟹放进蒸笼

数一数有几只雌、几只雄

猜一猜有几只雌、几只雄

秋天真美丽啊！秋天就是弟弟妹妹衣服穿得多了；秋天就是果实熟了；秋天就是秋叶铺满地，弟弟妹妹一起扫落叶了；秋天就是瓢虫来了、螃蟹肥了。通过以上所有的活动，直观形象地呈现了幼儿眼中活生生的秋季画卷。

在以上有关秋天的美术活动区创设伊始，其实并非如此生动，其间我们对活动区的环境进行了数次调整。在对环境的观察与回应方面，我们总结出以下三点。

1. 当环境单调时——让幼儿参与到环境中来

例如在"弟弟妹妹穿秋衣"这一活动区中，我们最初为幼儿提供的是各种秋天服装的照片和图片，让幼儿来看看说说，但是幼儿说一次后就不想再说了。

提供秋天的服装图片

于是，我们将看照片改为制作夏天和秋天不同服饰的卡片，让幼儿在玩对应游戏的过程中分辨夏天和秋天服饰的不同，但这个活动区仍然是冷冷清清的。

找对应——分辨夏秋服饰

经过思考，我们发现这些照片和卡片的操作形式十分单调，不能引起中班幼儿参与的兴趣。因此，我们再一次调整了环境，即在原来的照片下面都放上了真实的服装和鞋子，这样可以让幼儿任选穿着，切身感受穿上秋装的温暖。

提供真实的服饰

幼儿任选穿着，感受穿上秋装的温暖

此外，我们还引导幼儿对照这些服装为纸娃娃穿上秋天的服饰，不断提高幼儿的参与度，环境和活动逐渐受到了幼儿的欢迎。

为纸娃娃穿上秋衣

2. 当环境静止时——变静态为动态

以前很多美术活动区只发挥了环境装饰的功能，如将幼儿制作的作品贴到墙上，这样虽然好看，但这些作品随即成了静止的画面，和幼儿的距离也越来越远。

四棵秋天的果树

"摘秋果"就是如此，最初我们布置了四棵秋天的果树，让幼儿把自己做的苹果、柿子等秋果分别挂在苹果树、柿子树上等。在实际的活动中，我们发现，幼儿将自己做了大半天的作品挂上树去就了事，然后对教师说句"我完成了"便急着离开，好像在完成教师的任务一般。

于是，我们就适时地在四棵树下铺设了一片草地，将这静止的观赏环境变为动态的摘果子活动。幼儿可以在树下轮换翻牌并摘取

自制秋果

果树上的水果，每次翻不同的牌，摘到的果子也不一样。由于摘到的果子不一样，树上果子的多少天天有变化，使得原来静止的四棵树就活了起来，变成了一个能让幼儿积极参与的动态环境。

幼儿玩"翻牌摘水果"的游戏

3. 当环境固定无变化时——加入不确定的元素

有的环境虽然与幼儿发生了互动，但是互动的方式刻板，总是在不断重复同一答案，这也会使幼儿兴趣索然。例如"捉瓢虫"活动，最先的玩法是让幼儿把不是七星的瓢虫找出来，起初幼儿还是蛮感兴趣的，但是天天这样玩，渐渐便失去了兴趣。我们发现这一情况后便对环境做出了调整，即在两位幼儿中间放置一块有一定高度和厚度的隔板，讨论设计了"瓢虫找朋友"的游戏，玩法是由一名幼儿先拿出一只瓢虫并说出它身上的点子数，另一名幼儿马上去找一只点子数相同的瓢虫。这样轮番为瓢虫找朋友，最后看看谁帮瓢虫找的朋友多。由于找几颗星的瓢虫都是由幼儿决定的，因此这样的玩法有了很多不确定的因素。例如：一名幼儿说三星，另一名幼儿去找，当找到相应的瓢虫时，两人拉拉手，让瓢虫上平台；一名幼儿说六星，另一名找到的是五星，就只能回家，不能上平台了；幼儿继续说星数，直到另

看看我们找到了几对瓢虫

一名幼儿找对了才能轮换玩。幼儿在玩这个游戏时，既紧张又刺激，玩得不亦乐乎。

二、材料

美术活动区中工具材料的适合和适度新颖都是引发幼儿探索和创造的必要条件。由于探索的目的是有利于创造，因此创造就是根本。只有给予能让幼儿按自己的意愿进行探索的工具材料，才能激发他们的创造力。

实例展示

小班活动区"小花园"等

1. 要求

（1）感知周围自然环境中的花草树木，愿意亲近身边的动物。

（2）喜欢听、讲故事，乐于用各种方式模仿故事中的角色。

（3）初步尝试有目的地运用美术表现的方式再现自己的直观印象。

2. 内容

春天来到的时候，我们在小班开展了"小花园"、"勤劳的蚯蚓"、"小鸡出壳"等美术活动区

活动,从而引起幼儿对周围自然环境的关注,加深幼儿对春天的直观印象。

（1）小花园。

幼儿来到草地上,看看小草绿油油,摸摸小草软绵绵。

看看小草,摸摸小草

幼儿在纸盒盖上用绿色手工纸折一折、剪一剪、贴一贴,就让小草都站立起来了。

小草都站起来了

当幼儿发现春天有各种花儿开放时，这一个个小花园的草地上也开放了各种各样的用彩泥制作的美丽花朵，通过盒盖连接起来便汇成了一片大花园。

草地上花开了

（2）勤劳的蚯蚓。

幼儿在花园里发现蚯蚓以后，我们向幼儿讲述了《勤劳的蚯蚓》的故事。故事的大意是这样的：

有一颗种子在泥土里怎么也发不了芽，一条蚯蚓爬呀爬，来到了种子身边，对种子说："我来帮你松松土吧。"蚯蚓扭呀扭，松松土，小种子慢慢地发芽了，还开出了美丽的花朵。花园里的许多蚯蚓都来松松土，小种子都发芽开花了，这里变成了一个美丽的花园。

故事《勤劳的蚯蚓》

于是，我们在美术活动区增添了蚯蚓松土的场景，以此再现"蚯蚓松土—种子发芽—长出小苗—开出一片又一片美丽的花"的场景。这样一来，另一个小花园又热闹起来了。

种子发芽

美丽的小花园

（3）小鸡出壳。

春天是各种动物孵宝宝的季节，鸡、鸭、鸟都在孵宝宝，我们选择了小班幼儿最喜欢的鸡妈妈孵小鸡的内容来创设"小鸡出壳"的活动区。幼儿十分喜爱玩这一题材的模仿游戏，于是我们的美术活动区里立刻有了刚出壳的小鸡和鸡妈妈一起来到花园里捉虫的情景。

鸡妈妈孵小鸡

以上就是幼儿感受到的春天的小花园，这里有草有花、有蚯蚓和小鸡，幼儿感受到的春天多美啊！虽然此时幼儿尚不能把握春季的概念，但已在不经意中感受着春天的美丽景象。

尽管小班活动区涉及的美术工具和材料不多，但以上活动足以使我们体会到提供合适的工具和材料的重要性。对于材料的观察与回应，我们主要应注意以下三点内容：

1. 材料单一呆板时——适时改变或增添

以"小鸡出壳"为例，刚开始活动时，我们发现幼儿笔下的小鸡几乎千篇一律，究其原因是伴随幼儿活动的材料只有一张造型单调的小鸡简笔画图片。

造型单调的简笔画小鸡和幼儿笔下的小鸡

虽然我们并没有要求幼儿临摹，但图片单调划一的造型，给了幼儿错误的暗示。发现问题后，我们及时将背景材料作了调整，将各种形态的小鸡放置在了花园里。果然，幼儿在丰富的材料的影响下，画出的小鸡就变得形态可掬、各式各样了。

及时调整欣赏材料   形态可掬、各式各样的小鸡

之后，我们又不失时机地调整了操作材料，增加了一个长尾夹，让幼儿用长尾夹夹住自己画的小鸡，使得这些躺着的小鸡就立刻站起来了。与此同时，幼儿可以轻松地移动小鸡，让这些小鸡变得更为生动活泼。

小鸡站起来了

2. 材料不合适时——改变原有格局

例如在"勤劳的蚯蚓"活动区中，我们起初选择的材料是平面的泥土，幼儿可以让自制的蚯蚓在泥土上移动松土。很显然，这样没有身临其境的感觉。于是，我们把材料改进为沙盘，利用太空沙的黏性将其做成了一片泥土，又在沙盘中开出几条小沟，由于小沟比泥土低，这样不但可以方便蚯蚓在小路中穿梭松土，而且还便于幼儿在泥土中插上开放的花朵。

由于小班幼儿对距离的概念不是很清晰，为避免幼儿在种花时出现随意摆放的情况，我们调整了材料，即让幼儿将绿色的扭扭棒作为花籽，均匀地插在泥土里。这些扭扭棒可以作为幼儿种花的依据，一粒花籽开出一朵花，花园的布局就变得越来越好看了。

在沙盘中开出小沟，蚯蚓可穿梭松土

扭扭棒

撒上花籽，布局花园

鲜花盛开的美丽花园

3. 材料难以驾驭时——顺应幼儿的特点并加以调整

我们给小班幼儿提供的彩泥通常都是放在小盒里的，由幼儿按需取放，这样做在表面上看来似乎给了幼儿很大的自主创造的空间，但由于小班幼儿受到空间知觉能力水平的限制，在用彩泥做小花园里的花时很难把握泥团的大小，比如有的幼儿直接拿一大团彩泥做花，使得做的花太大而无法放在小花园中。于是，我们就把各色彩泥分成大小有明显差别的泥团。在材料调整后，小班幼儿不再受彩泥大小的干扰，更愿意用不同的彩泥去表现花朵的不同颜色和形状。不一会儿，小花园就开满了五颜六色的花朵，幼儿越做越开心，他们直观地感受到了成功的喜悦。

大团彩泥可以做花瓣

小团彩泥可以做花蕊

提供有大有小的泥团

五颜六色的花朵

三、生成

教师要充分发掘幼儿自己生成的操作方法，接受幼儿的创意。虽然教师对每个活动内容都有周密的计划，但是这些安排并不是一成不变的，教师应随时捕捉幼儿的创意，尤其是当幼儿的设想和教师不符合的时候，应及时反思回应，充分调动幼儿参与活动的积极性。

实例展示

大班主题"有用的植物"

1. 要求

（1）有兴趣地关注植物的生长和变化，感受人与动物的生活离不开植物。

（2）尝试不断积累观察经验，并将已有经验组合应用，学着有顺序地安排自己的活动。

2. 内容

在大班开展"有用的植物"这一主题内容时，我们发现幼儿已经不只是停留在对事物外部特征的认识上，他们更关注事物的生长过程、生活习性和某些因果关系。为此，在开展相应的美术活动区时，我们就选择从幼儿身边的白玉兰展开，让幼儿更为深入地了解植物的生长和变化过程。

（1）花开花落。

早春时节，玉兰花们争相开放，幼儿在观察中发现同一棵树上可以看到白玉兰花的不同的开放状态。于是，我们首先在美术活动区中开展了花开花落的活动，引导幼儿为自己观察记录中的各种形态的白玉兰花进行拓印，并通过排列来展现玉兰花的花开到花落的过程。由此，幼儿有了寻找更多品种的花卉来观察的想法，他们想了解其他花朵是如何渐渐开放的。一时间，活动区中不断出现了新的花卉观察记录，使活动区变得春意盎然。

幼儿拓印的花朵

（2）街头绿化。

活动由关注花开花落延续到了分辨不同叶子和草的变化。幼儿在街心花园看到了很多既漂亮又有创意的街头绿化景观，便生成了制作模拟街景的内容。基于此，我们及时教幼儿折叠四叶草，并让幼儿将其放在海豚背景图上，或是种在小围栏里，做出了属于自己的街头绿化。

街头绿化

TiPs

一起做

我们也一起来做幸运的四叶草吧！

教师在教大班幼儿折四叶草的时候，第一步可以直接简略为折一个四角向中心折的"小甜饼"（小班经验），第二步是"集中一角折"（中班经验）。

（3）蔬菜的肚子。

在关注花草的同时，幼儿的视线又指向了春天的蔬果。在阅读绘本《蔬菜的肚子》后，幼儿对蔬菜的切面发生了极大的兴趣，他们把这些蔬菜的横切面画下来，并自制接龙卡片，玩起了蔬果接龙的游戏。

自制接龙牌　　　　　　　　接龙游戏

（4）树上的鸟。

四月是爱鸟月，幼儿又开始探索鸟和树木互相依存的关系。他们利用各种材料做起了鸟和鸟窝，谈论鸟的不同本领。例如：啄木鸟专捉藏在树洞里的虫，杜鹃专捉松毛虫，燕子捉飞虫，猫头鹰捉田鼠等。于是，美术活动区中出现了幼儿利用自己的制作来保护小鸟的情景。

各种小鸟

树上小鸟的家

通过这些活动，幼儿积累了有关动植物相互依存的经验，体会了人与自然的关系，激发了自己保护大自然的情感。

我们可以从以上的活动介绍中发现，教师不能把自己的预设当成不许变更的最佳方案，而是需要不断发现幼儿的创意，随时调整和改变原先的设想，尤其是对幼儿的一些瞬间生成的做法，教师更应及时捕捉，因势利导地给予回应和支持。针对幼儿的生成问题，我们需要从以下三方面进行观察与回应。

1. 变观察记录为游戏材料

我们之前从未设想过观察记录可以变为材料。在开展"蔬菜的肚子"活动区时，我们原先的安排是让幼儿用画线条和涂色两种方式记录蔬菜的外形和切面，也有过启发幼儿利用这些观察记录开展配对游戏的想法，但却没有实践。

画线条和涂色

配对游戏

然而，在和幼儿讨论的过程中，一位幼儿提出了将两张互不相关的记录贴在一起作为接龙牌，然后用这些牌来玩接龙的想法。我们虽然从未这样做过，但还是觉得幼儿的这个创意值得一试，就及时接受了他的想法，还提供了KT板，让幼儿把观察日记贴在上面，做成一副经久耐用的接龙牌。这副牌从两边、上下、中间都可以玩接龙。这样的玩法果真大受欢迎。由此，幼儿利用接龙牌又设想了不同的玩法，还主动画出了许多图画书以外的蔬果。

由两张互不相关的记录组成的一张接龙牌

南瓜切面接南瓜

接龙牌

2、由教师布置环境变为由幼儿布置环境

　　在开展"树上的鸟"活动区时，教师利用墙面创设了许多搁板，供幼儿将形态各异的鸟窝放在隔板上展示，以使墙面显示出立体的效果。但是，幼儿并不满足于这样的展示，他们更喜欢在这个背景墙边不停地移动鸟窝。最初我们也有过担心，担心幼儿把小鸟和鸟窝摔坏，可能会破坏原来墙面布置的美观，后来我们及时顺应幼儿喜欢移动鸟窝的做法，讨论设计了"拯救小鸟"的游戏。幼儿先把小鸟从鸟窝中搬出来进行分类，鸟窝仍留在大树上，然后制定了送小鸟回到大树上的规则来开展游戏，例如：喜鹊是数字6，两张数字牌相加答案等于6就可以拯救喜鹊，把它送

大树上小鸟的家

拯救小鸟游戏

回树上的鸟窝中。这样的游戏使活动区树上的鸟的品种和数量不时地发生变化，逐渐成为美术活动区中一道独特的风景。

3. 将偶然的行为转化为新的兴趣

之前在布置"街头绿化"时，我们用KT板做了两条跃出水面的大鱼，又将小花坛摆放在鱼的身下，以此来模拟浪花，再让幼儿将自制的四叶草遍布其间，这样就像将街头的绿化场景搬进了幼儿园。这种平面和立体的结合，非常好看。一天，我们偶然发现两名幼儿在将小花坛搬上搬下、搬过来搬过去地玩耍。这个看似没有意义的动作又给了我们很大的启示，何不利用幼儿爱搬动的特点做一做猜拳摆花的游戏？不曾想到这样的建议会受到幼儿的普遍欢迎，有一位男孩子甚至天天要来这个活动区玩，摆出了各种形态的四叶草盆景造型，还被大家称为盆景小达人。他不但得到了同伴的赞扬，还引来许多幼儿纷纷仿效。于是，有趣的街头绿化活动在班级中延续了很长的时间。

幼儿生成的猜拳摆盆景游戏

四、总结

其实，我们向大家介绍的这些美术活动区，一路走来并不是一帆风顺的，都是我们经过有目的地观察和积极回应之后才逐渐形成的。我们深切地体会到在探索如何开展美术活动区的过程中，观察与回应是幼儿教师不可或缺的专业技能。观察幼儿的表现，及时采取各种方式来回应，这不是靠教师的心血来潮或灵机一动，而是教师在日积月累不断地解读幼儿的表现、反思自己的行为中逐渐磨炼和提升出来的，是属于教师自己的教育智慧。这些观察与回应的智慧是教师创设美术活动区的基本功，也是使美术活动区更为精彩的必要条件。

第五讲

让美术作品活起来，
让幼儿动起来

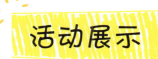

活动展示

活动 5-1　喜羊羊过新年(小班)

执教教师：吴玉婷

一、要求

(1) 尝试利用轻质彩泥和炫彩棒以涂鸦的方式模拟理发，有兴趣表现简单符号或图像。

(2) 乐于为喜羊羊理发和装扮，体验参加节日活动的快乐心情。

二、流程

新年要到了，周围环境顿时热闹起来，处处透露出喜气洋洋的气氛。故事《小白羊去美容院》引起了小班幼儿的兴趣。幼儿纷纷表示要为喜羊羊打扮，和大家一起过新年。美术活动区的活动"喜羊羊过新年"满足了幼儿的愿望。该活动一共经历了三个阶段的发展过程。

第一阶段：喜羊羊穿新衣

我们在活动区简单布置了新年聚会的场景，吸引了幼儿驻足围观，并提出带喜羊羊参加节日活动的建议。同时，我们和幼儿一起讨论起"怎样帮喜羊羊打扮得漂漂亮亮"的话题。幼儿首先想到的就是为喜羊羊穿新衣，于是便七嘴八舌地议论起来。有的说："要给她穿一件新衣服，我去吃生日饭的时候，妈妈都会给我换衣服的。"有的说："我也是，我上次穿了黄色的新衣服！""我穿了红衣服，上面还有很多小蝴蝶。""外婆还帮我织了新毛衣，是绿色的。"

为此，我们根据小班幼儿的经验，从为喜羊羊穿新衣开始，为幼儿提供了各色的衣服底板，还添加了不织布材料(用来制作厚厚的棉衣)。活动中，幼儿自由选择衣服底板的颜色和材质并在衣服上涂鸦，有的幼儿还用钻石贴纸当纽扣或装饰，仿佛都成了手艺高超的"小裁缝"。

好看的图案画一画　　　　贴上钻石贴

喜羊羊穿上了厚棉衣

幼儿自制的漂亮衣服

　　幼儿带着穿上新衣的喜羊羊来参加新年聚会，一起布置新年挂件时又唱又跳，高兴得不得了，快乐的气氛贯穿活动的始终。

换件衣服穿一穿　　　　围在餐桌边过新年　　　　参加新年聚会的喜羊羊

第二阶段：喜羊羊理发

　　喜羊羊参加新年活动不只需要"穿新衣"，还要理个发，我们又联系小班幼儿的生活经验，布置了理发的场景，并引导幼儿在环境的提示下带喜羊羊去理发。在我们再现幼儿生活经验的同时，还丰富了他们的游戏情节。

理发场景

材料准备

炫彩棒

蓝丁胶

钻石贴

各色衣服底板

喜羊羊底板

想一想：
在选择彩泥颜色时，我们需要注意什么吗？

水彩笔

彩泥

新年树

挂饰

理发道具

活动区材料

活动现场

一起看

我们一起来看一下整个活动的现场视频吧！

221

1. 活动区环境

团圆饭背景

新年树和挂饰

衣架

话筒

穿新衣材料区

理发材料区

洗头材料区

活动区全景

2. 活动过程

（1）教师介绍将美术材料当理发工具的方法。在介绍时，教师可引导幼儿从自己的生活经验出发，徒手模仿洗头、梳头、卷发等动作。同时，教师还可演示把水彩笔当作洗发水、用彩泥来卷发的方法。

Tips

活动中，美术的表现方法与幼儿的生活经验自然连接，美术的工具和材料成了理发情境中的玩具，这些对小班幼儿来说更具吸引力。

幼儿徒手模仿洗头动作

教师用模拟动作介绍操作方法

（2）在活动过程中,有的幼儿先给喜羊羊理发,然后再为它换上新衣,而有的幼儿则反之。无论哪种方式,均由幼儿自由选择内容,自主探索与表现。在为喜羊羊制作新衣和理发等方面,幼儿的做法也各不相同,比如,有的喜羊羊是卷发,有的是直发等。

为喜羊羊洗头　　　　　　为喜羊羊做好看的发型　　　　　为喜羊羊穿新衣

（3）在为喜羊羊做好衣服、理完发后,幼儿便选择自己喜欢的内容开始布置新年环境了,比如:装扮新年树、挂彩灯、吃新年大餐等。这些丰富多彩的活动让幼儿觉得其乐无穷。

装饰新年树　　　　　　吃团圆饭

带着自己的喜羊羊一起唱唱跳跳

3. 观察与引导

当教师问幼儿要给喜羊羊涂哪款洗发水时，小班上学期的幼儿会习惯性地以用手指的方式来表达。这时教师可以引导：我们给喜羊羊选哪种水果味道的洗发水？幼儿便会以水果的名字来表达自己想选的颜色，比如橘子味、葡萄味、香蕉味等。这样能帮助幼儿产生语言和水果之间的联想。

教师在演示卷卷发的时候，一开始说"将彩泥转个弯"，幼儿马上说"转个圈"。教师及时捕捉幼儿的语言，调整为"转个圈"，因为幼儿的语言是他们最能理解的。

当看到有的幼儿没涂满颜色时，教师可以结合情景引导：喜羊羊这里还没洗干净噢！由于幼儿之前已经用水果来联想颜色了，这时教师还可以引导：我在喜羊羊的头上闻到了青草味，从而激发幼儿产生其他联想。

当幼儿制作完成后，要引导他们及时将材料归位，从小养成整理物品的良好习惯。

4. 幼儿作品

漂漂亮亮的喜羊羊

第三阶段：喜羊羊去春游

新年之后，幼儿对喜羊羊的兴趣不减。我们结合春天的季节特征，又继续利用喜羊羊来开展"喜羊羊去春游"的活动。随着季节的变化，喜羊羊的服装也随之发生了变化。幼儿在给喜羊羊理发时，又出现了许多新的情节和内容，如：摘草莓、剪羊毛、吃青草等，让活动更为精彩纷呈。

春天的水果真不少

嫩嫩的青草真香甜

结合春天的季节特征，开展"喜羊羊去春游"的游戏情节

三、感悟

1、小班学习活动区的情境性和游戏性至关重要

小班幼儿有意注意的时间短，兴趣不稳定。在开展活动区活动时，教师一定要考虑活动内容的"有趣"和"亲切"，这样才能吸引小班幼儿主动参与，才能使活动区活动的生命力更长久。比如在活动中，让小班幼儿扮演"小裁缝"、"理发师"，这样赋予幼儿角色的方式，更容易使他们进入游戏的情境。又如，教师利用水彩笔、轻质黏土、发卡等材料来模拟生活情景，将工具材料变为模仿成人劳动时的玩具，使幼儿对材料产生亲切感，引发了他们参与活动的兴趣。

极具吸引力的衣服陈列架　　　　　理发店的环境逼真又美丽

2、根据小班幼儿的特点精心选择工具材料

小班幼儿在使用材料方面带有很大的随意性，怎样选择合适的材料、选择怎样的时机就显得尤为重要。在本活动中，这些看似很普通的材料其实蕴藏着教师大量的思考和心血。例如：

该选择怎样的材料当"洗发水"？我们曾进行了再三的思考。由于喜羊羊头部面积较大，用一般的水彩笔进行涂抹既慢又难把控，用油画棒又没有"水"的效果，最后我们才确定使用特粗的水彩笔。这种水彩笔，从握笔的舒适度、外形的式样以及画面的效果等都能又快又好地让幼儿模拟"洗头"。又如，提供的轻质黏土的分量也十分重要，我们都事先将它们分成小团，有效地减少了分量多少对幼儿的干扰，从而使他们能顺利地参与活动，并在活动中玩得开心。

用特粗水彩笔当洗发水　　　　　将黏土分成小团

我们体会到，要使活动区的材料成为"不说话的老师"，需要教师在背后花费心思和工夫，因为任何的小疏忽都会让幼儿在活动中感到吃力和无趣。

读书手记

活动 5-2　洗澡（小班）

执教教师：吴术燕

一、要求

（1）关注常见玩具的明显特征，并愿意以涂染的方式大胆表现。（第二阶段的要求）

（2）在迁移已有生活经验的基础上，体验洗澡的快乐，愿意做爱清洁的宝宝。

二、流程

在夏天即将到来的时候，我们在小班开展了与"夏天好热啊"和"洗澡真凉快"这两个主题相关的活动。于是，美术活动区的活动"洗澡"便应运而生。该活动区旨在让幼儿在涂一涂、贴一贴、摆一摆的过程中，重现他们已有的生活经验，并从中体验"洗澡"的快乐。该活动区历经了三个阶段。[①]

第一阶段：小娃娃洗澡

我们是以给小娃娃洗澡开始该活动的，主要有以下几个步骤：

（1）把炫彩棒当作香皂，为娃娃涂香皂。

（2）给娃娃冲一冲水，让香皂（颜色）化开。

（3）用小毛巾为娃娃擦一擦身体。

（4）为娃娃穿上用纸剪好的服装。

（5）带着娃娃去乘凉。

为娃娃涂香皂

给娃娃冲一冲水

用小毛巾为娃娃擦一擦身体

---

① 该活动区活动应该是在夏天刚到来的时候进行的，为了拍摄本书配套的活动录像，我们提早开展了这个活动，因此在录像中，我们会看到幼儿的着装与活动内容有冲突的地方。

为娃娃穿上衣服　　　　　　带着娃娃去乘凉

　　通过让幼儿模拟帮娃娃洗澡的过程，可以帮助幼儿建立与洗澡相关的初期经验。本阶段的重点是帮助幼儿学会用炫彩棒进行涂染、用小毛笔进行晕染的方法，以及掌握洗澡的步骤。小班幼儿的思维缺乏条理性，因此在该活动开始时，教师要强调操作步骤。只有让幼儿掌握了给小娃娃洗澡的五个步骤，我们才有可能在该活动之后递进性地添加内容，从而帮助幼儿获得更多的发展。

第二阶段：玩具和我们在一起

　　在幼儿熟悉了给娃娃洗澡的方法和步骤后，我们逐步添加了相关内容。第一个添加的内容就是"玩具和我们在一起"，即添加了玩具。

◎ 材料准备

活动区材料

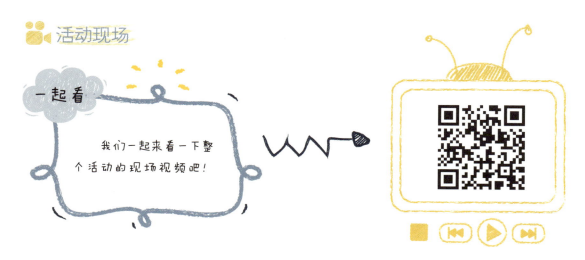

活动现场

一起看

我们一起来看一下整个活动的现场视频吧！

1. 活动区环境

娃娃乘凉场景

活动区全景

2. 活动过程

（1）小班幼儿一进入活动区就对洗澡玩具产生了兴趣，忍不住开始说出玩具的名字。此时，教师顺应幼儿的兴趣，直接聊起了洗澡玩具。教师手拿玩具及与之对应的操作纸，引导幼儿对比观察。

小乌龟对纸乌龟说："我的身上有好多方块，你怎么没有？"

笔宝宝说："纸乌龟别担心，不要紧，不要紧，我来帮你画一画。"

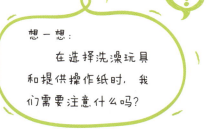

想一想：

在选择洗澡玩具和提供操作纸时，我们需要注意什么吗？

教师通过模仿小乌龟与笔宝宝的对话来提出制作玩具的要求，这样既巧妙，又富有趣味性，十分符合小班幼儿的年龄特点。

（2）幼儿自行选取洗澡玩具。在这个过程中，教师一定要注意引导幼儿看清自己所选玩具的样子并说出玩具的名字，因为命名对小班幼儿了解玩具的特征来说很重要。之后，教师可以请幼儿把玩具和操作纸放在一起进行观察。

教师引导幼儿进行对比观察

（3）在玩具的陪伴中，幼儿将操作纸添画成自己喜欢的纸质洗澡玩具。小班下学期的幼儿在教师创设的环境的影响下，不知不觉地将无意识涂鸦变为有意识涂鸦，涂鸦水平也在不断提高。我们经常能够听到老师们抱怨，小班幼儿一样东西也不会画，但是通过美术活动区，可以看到小班幼儿在活动中的进步。

运用炫彩棒来表现纸质洗澡玩具

TIPS

我们选择炫彩棒作为幼儿表现的工具也是有思考的。由于小班幼儿手部力度不够，而炫彩棒容易上色，因此很适合小班幼儿使用。

（4）幼儿帮娃娃"洗澡"和穿衣服。这个过程包括用炫彩棒涂抹娃娃的边缘（抹"香皂"）、用毛笔晕染（用水冲洗）、用毛巾把水吸干和穿衣服。

①抹"香皂"。在帮娃娃涂"香皂"时，幼儿需要用炫彩棒涂抹娃娃的边缘，这个要求对小班幼儿来说是有一定挑战的。由于本活动在小班下学期开展，幼儿手眼协调能力有了一定提高，大部分幼儿通过努力均可胜任。

②用水冲洗。为了让幼儿有身临其境的感觉，我们在澡盆里加了少许水，这些水既可以用来冲洗又可供幼儿晕染使用。特别要注意的是，教师一定要控制水量，因为小班幼儿用小毛笔晕染时，较难做到蘸一蘸、舔一舔、涂一涂，通

帮娃娃抹"香皂"

提供少量的水

擦擦干

裙子和裤子

帮娃娃穿衣服

常都是直接蘸水涂抹，这样会造成因蘸水过多使画面潮湿而影响作品效果的情况。

刚开始，幼儿可能会在空白处刷水，这样是刷不出颜色的，不过随着幼儿在晕染过程中的进一步探索，他们会逐渐发现，如果先在已涂画过颜色的边线旁边刷刷，再往中间刷一刷，就会刷出颜色。

③用毛巾把水吸干。用小毛巾帮娃娃擦身，既符合幼儿洗澡的生活经验，又可以让画面变干，为之后的帮娃娃穿衣服做好准备。

④穿衣服。关于娃娃造型的选择，我们也是经过多次尝试和探索后确定的，我们发现四肢分开的娃娃非常适合小班幼儿操作。另外，娃娃弟弟和娃娃妹妹的性别是不同的，他们在很多地方都不一样，因此我们在提供的服装中有裙子和裤子两种，通过材料的暗示来引起幼儿对性别的关注。

幼儿在用蓝丁胶粘贴衣服的时候，会出现不能够将衣服对得很齐的情况。这对于小班幼儿来说是一种正常现象，是小班幼儿手眼协调能力较低的表现。

（5）幼儿带着娃娃和玩具去乘凉。幼儿可能会忘记带玩具一起去乘凉，因此教师可以提示：大家记得提醒娃娃带上自己的洗澡玩具哦。

带上洗澡玩具一起去乘凉

于是在乘凉时,由于多了一个洗澡玩具,幼儿可以玩的内容就更加丰富了。

　　我们提供的乘凉场景也是逐步增加的。第一阶段只有一个场景,到了第二阶段,我们提供了多个场景,使幼儿体会到夏天洗澡后的活动的丰富多彩。比如:可以在儿童房坐一坐、摇一摇木马;在卧室里喷喷花露水、涂涂痱子粉;坐在沙发上看电视、吃东西、看图画书;还可以在小区的长椅上休息、吹吹风,或是遛遛狗、荡会秋千等,这些丰富的活动都能让幼儿感到很舒服。

TiPS

　　这些活动场景并不是静止的摆设,它们都是可以活动的,如幼儿可以让娃娃骑摇马、坐摇椅、荡秋千,甚至书房里的绘本都可翻动,真正让幼儿玩起来。

丰富的乘凉场景

可以翻看哦

一起做

我们也一起来做一做乘凉场景吧！我们需要一个抽屉式的纸板盒，然后将抽屉去掉一侧做地板，盖子裁下一面做墙壁和屋顶造型，接着开扇窗户并装上窗帘，让场景更有真实感。墙体和地板既可以分开又可以组合，这样的可拆卸场景既方便携带，又便于收拾整理。房间里的家具不用提供很多，只要能体现房间功能和满足幼儿可以玩起来的要求即可。

当孩子们希望和好朋友在一起时，我们就鼓励幼儿去朋友家做客或邀请朋友来自己家，大家一起玩，增加了与同伴交往的机会。

以上就是第二阶段的活动内容。我们来对比一下，第二阶段和第一阶段的区别在哪里呢？第二阶段中除了一开始的做玩具，之后的帮娃娃涂香皂、冲冲水、擦擦干、穿衣服、去乘凉五个步骤都是第一阶段"小娃娃洗澡"的内容，其中去乘凉的内容更丰富了，从将带娃娃去乘凉变为了带着娃娃和玩具去乘凉，而且还多了好几个乘凉场景，这使得幼儿、玩具、娃娃、场景之间的互动形式也愈加多样了。

娃娃和场景的互动

幼儿与幼儿的互动、幼儿与场景的互动

幼儿和娃娃、场景的互动

3. 观察与引导

这名幼儿看到了鳄鱼身上的点点,于是便数了起来。数完后,他就在操作纸上画上了相应数量的圈圈,以此来代表鳄鱼身上的点点,说明这名幼儿已经不是在无意识地涂鸦了。

这名幼儿不但注意到了海豹的眼睛、鼻子和嘴巴,还注意到了它两边的胡须,可见他的有意注意水平已经比较高了。这对于小班幼儿来说是难能可贵的。

这名幼儿刚进活动区就对乌龟玩具产生了兴趣。他在添画的时候,观察到乌龟身上的花纹,老师用"一块块的花纹"回应,于是便出现了图中的表现内容。由此可体会到:只有通过教师的有效观察和及时回应,幼儿的涂鸦水平才会被推动。

幼儿想让娃娃坐在摇椅上乘凉,他把娃娃腿部折一折,娃娃就坐起来了。这些都是幼儿在玩的过程中摸索出来的小窍门,是迁移自己生活经验的表现。教师可以将这些观察到的窍门及时跟大家分享。

4. 幼儿作品

带着娃娃和玩具去乘凉

第三阶段：洗好澡真凉快——给娃娃穿上服装

在前两个阶段活动的基础上，我们还可以做递进吗？回答是肯定的。因为无论是在材料的提供上还是在情景的丰富或者表现手法上，都有给幼儿拓展的空间，于是我们就进入了第三阶段。

我们改变的第一件事情就是将现成的衣服变为白板衣服（只有衣服的轮廓），里面的图案可以由幼儿自己添画。因为天气很热，幼儿特别喜欢去游泳，所以我们顺应幼儿的兴趣提供了各式游泳衣。此外，我们还提供了纸质太阳眼镜，由幼儿添画镜架制作。

各式泳衣和太阳眼镜

　　第二个变化是将现成的乘凉场景变成可以由幼儿自己创造的场景。我们将其他活动区与该活动区组合，例如：幼儿做过蛋筒冰激淋，带娃娃乘凉时就可以吃它了，这样用泥工做冰激淋就很自然地与这个活动区结合了；幼儿还会做水果蛋糕，水果蛋糕也可以让娃娃在乘凉时吃；幼儿还将做的扇子拿到这个活动区。随着材料的增多，使洗澡后的乘凉内容更加丰富了。

蛋筒冰激淋与本活动区的结合

水果蛋糕与本活动区的结合

扇子与本活动区的结合

　　第三阶段与前面两个阶段的活动相比，无论在内容、方法和形式上都给了幼儿无限创造的机会，从而使幼儿参加活动的兴趣和活动的能力都得到了同步提升。

三、感悟

1. 逐步增添活动内容

从帮娃娃洗澡到玩具来陪伴，再到自己做衣服，最后到乘凉，在活动内容增加的同时，幼儿也从无所适从地摆弄发展为有目的地参与活动。与此同时，其艺术表现能力也在逐步提高。

2. 适度递进的要求

在内容增加的同时，我们对幼儿的艺术表现方式提出了不同的要求。从熟悉工具、学会涂染到有目的地涂鸦，通过对应观察、补充缺失，再到在白板服装上重现自己的表象符号。此外，在工具的使用上也有所拓展，首先是炫彩棒涂染，然后到泥工以及折纸，不再让幼儿用笔进行简单的涂鸦。有了这些工具和表现方法的递进性要求，幼儿的表现内容在不断丰富，探索表现的兴趣也随之提高，也就是所谓的更"有玩头了"。

以往我们会觉得小班幼儿样样不会，就给他们现成的材料操作即可。在具体的活动中，我们发现刚开始时，小班幼儿对现成的材料是很喜欢的，但玩了一段时间后，他们的喜欢程度就会明显降低。为此，我们改变了策略，不再提供现成的材料，而是让幼儿参与制作或布置，如娃娃、玩具、衣服、乘凉的场景。正因为有了幼儿的这些参与，才使活动变得有声有色，也让幼儿玩得尽兴，其乐无穷。在活动结束时，他们时常不愿意停下来，这才是活动区开展的最好状态。

读书手记

活动5-3　月亮船（中班）

执教教师：陈洁如

一、要求

（1）把握人物的特征，尝试运用折叠的方法表现各种动态。

（2）喜欢观赏夜晚的天空，能有兴趣想象夜空的美丽景色。

二、流程

幼儿在夜晚抬头望着明亮的月亮，总会无比好奇，由此引发说不完的故事，聊着说不完的神秘话题。受到歌曲《月亮船》的感染，幼儿更是浮想联翩，多想坐上月亮船去天空看一看。这时，活动室里出现了一轮弯弯的月亮，幼儿顿时被吸引，我们的活动区"月亮船"便拉开了大幕。这个以乘"月亮船"为线索，引导幼儿有兴趣地绘画与制作各种人物与动物的活动区，不仅包含着艺术领域的内容，更是综合了多个领域的认知内容。活动区以其生动的活动形式、不断变化的活动内容吸引着幼儿，让他们饶有兴趣地在与材料的互动中自主学习。整个活动区共经历了四个阶段。

活动区中的月亮船

第一阶段：大家来乘月亮船

起初，我们并没有规定乘月亮船的角色，幼儿能画什么、擅长画什么，就可以画什么，画好以后便可以让作品都坐上月亮船。接着，通过一次集体活动，幼儿掌握了直接涂抹的绘画方法，这个方法能让幼儿更加自如地表现自我的想法。于是，幼儿用炫彩棒直接涂抹的方式来画人、动物和植物，画好以后剪下来，折一折便可让自己的作品乘上月亮船。

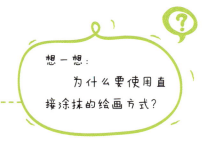

想一想：

为什么要使用直接涂抹的绘画方式？

用炫彩棒直接涂抹的方式画出自己熟悉的人物或动物

将画好的人物或动物剪下来，放在桌边上，让他（它）们屁股坐一坐、膝盖弯一弯

游戏情境

为了提高幼儿的活动兴趣，我们创设了一个游戏的情境，即以猜拳的方式让人物一格一格地走台阶，并最终登上月亮船，同时还可把台阶上的星星贴到天空中，以此来丰富夜空。在这个游戏中，幼儿不但能让自己画的角色乘上月亮船，还可以让他们看到周围的星星。

幼儿猜拳决定比大或比小

掷骰子比大小

坐上月亮船

赢的一方可以让人物上升一格，也可以将台阶上的星星贴到星空中

第二阶段：动物朋友乘坐月亮船

我们发现，大部分幼儿所画的人物特征都很相似，表达图像的方式也比较统一。于是，我们从他们最喜爱也是最容易分辨外形特征的动物入手，在活动区放置了许多动物的图片和玩偶，引导幼儿从观察动物的不同入手来表现各种动物最明显的特征，例如：大象的长鼻子、长颈鹿的长脖子、猴子的长尾巴等。最后，幼儿玩起了"动物朋友乘坐月亮船"的游戏。

动物的图片和玩偶

最初，幼儿画的大多数是兔子、猫、小猪等小班阶段接触过的动物。在掌握了动物比较明显的特征以后，他们所表现的动物就越来越多，乘上月亮船的动物类型也越来越丰富了。

越来越多的动物朋友坐上了月亮船

我们又把静止的月亮变成了可以向上升的月亮，只要月亮上坐满小动物，拉动绳子就能让月亮船升空。幼儿逐渐注意到，在这个夜空的背景上面，这些星星也有不同的排列方式，这不就是星座吗？于是，他们在贴星星时，也从之前的随意粘贴变成按星座的线索有目的地粘贴，让星座中的星星全部闪亮。

第三阶段：叔叔阿姨乘坐月亮船

结合主题"周围的人"，幼儿玩起了装扮不同职业的人的角色游戏。通过集体美术活动"上海欢迎你"，幼儿对不同职业的服饰有了初步的认识，同时也产生了让叔叔阿姨也来乘坐月亮船的愿望。于是，我们又提供了不同职业人物的图片，还投放了上海著名建筑和地标的图片，活动由此从看夜空转向了观赏夜上海。

材料准备

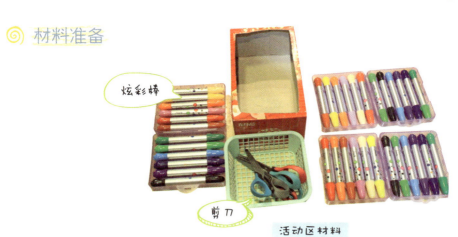

炫彩棒

剪刀

活动区材料

活动现场

一起看

我们一起来看一下整个活动的现场视频吧！

1. 活动区环境

动物朋友们

月亮船游戏区

各个职业的人和上海地标图片

活动区全景

将回形针的一端连接鱼线，另一端钩住月亮船，拉动鱼线，月亮船便能升空

积木 + 星星

星星

用雪花积木钩住挂钩，以此来固定月亮船

月亮船的悬挂方法和星星的摆放

正面是各职业的人，背面是上海的地标

⒉ 活动过程

（1）选择一种职业的人。

（2）观察人物特征，用直接涂抹的方式画出自己选的职业人物。

观察特征，直接涂抹

（3）沿轮廓线将画好的人物剪下来。

沿轮廓线剪下人物

（4）幼儿在桌子边缘使用折叠的方法可让人物坐起来。

让人物坐起来

（5）让画好的人物坐上月亮船，并点亮星星。

（6）选择一个景点，将它放在月亮船背景中并相互介绍。幼儿从欣赏夜空变为了观赏夜上海的景色，从而加深了对自己居住城市的了解。同时，对我们周围各个职业的人也多了一份尊敬与爱戴。

让画好的人物坐上月亮船

选择并介绍景点

一起做

我们也和孩子们一起来体验一下直接涂抹的绘画方式吧！

直接涂抹的绘画方式

3. 观察与引导

这名幼儿在画好护士的耳朵后，发现耳朵画大了，看起来有些突兀，于是她在画头发时，特意将头发遮住了耳朵，使耳朵看起来更加自然。

幼儿起初在画人物的手时，就只画两个大圆圈，现在已经可以将五个手指都表现出来了。

这名幼儿在剪人物的时候，采取了逆时针剪的方式，但是这样会遮挡住视线，妨碍剪纸。于是他自己寻找解决办法：每剪一部分就会把旁边遮挡的纸先剪下来。

4. 幼儿作品

第四阶段：谁来乘坐月亮船

幼儿经过了从"大家来乘月亮船"到
"动物朋友乘坐月亮船"再到"叔叔阿姨乘
坐月亮船"的过程，对活动愈发感兴趣。第
四个阶段不再由教师确定题材，而是由幼
儿自己来选定：有的幼儿选了故事人物，如
《拔萝卜》《小土坑》中的角色；有的幼儿
选了家庭成员，如三口之家、四口之家、全家
福等；还有幼儿画小组成员等。总之，幼儿
表现的内容更丰富多彩了。

故事角色来坐月亮船

三、感悟

活动区不是静止的，不是从开始到结束都一成不变的，它必须在开展的过程中随着幼儿的兴
趣和需要而适度调整。就"月亮船"来说，包含以下三个方面的适度推进。

1. 表现内容的适度推进

在活动的第一阶段，幼儿表现的角色十分宽泛随意，因为我们的主要目的是提升幼儿参与活
动的兴趣。在幼儿得到初步满足以后，出现了"动物朋友乘坐月亮船"的活动内容，幼儿表现的
内容从宽泛变成了一个大类（动物）。当进入"叔叔阿姨乘坐月亮船"阶段时，类别更为细化，细
化为不同职业的人。最后，由幼儿自主选择题材，虽极为宽泛却目的性更强了。

2. 艺术表现能力的适度推进

在"大家来乘月亮船"时，我们鼓励幼儿再现已有的经验，任意画出自己熟悉的角色。在"动
物朋友乘坐月亮船"时，幼儿不再是画自己熟悉的角色，而是从区别特征入手，尝试表现每一个
动物不同于其他动物的明显特征，从而形成初步的观察表现能力。接着，在"叔叔阿姨乘坐月亮
船"阶段继续推进，幼儿不仅仅能区别角色的明显特征，还能尝试表现不同职业人物的基本部分
和主要特征，使角色特征更为清晰。由此，幼儿的观察水平和表现能力都得到了同步提高。

3. 思维水平的适度推进

中班初期的幼儿仍然以无意注意为主，这可以从幼儿一开始对表现的角色没有明显的目的
中看出，我们采取的方法是他们爱画什么就画什么。通过"动物朋友乘坐月亮船"和"叔叔阿姨
乘坐月亮船"活动的开展，幼儿开始从随意地表现转向有目的地思考，有意注意开始萌芽。在最
后一个阶段里，我们会看到由教师命题（画动物、画叔叔阿姨）转化到由幼儿命题，比如，有的幼
儿在平时遇到感兴趣的内容时就会提出建议——我们也来让他们乘坐月亮船。由此可以看出，

幼儿已开始初步具备有意识地确定题材的能力了。这个从开始的随意涂抹，到有意识地按教师提出的命题表现，再到尝试自主命题并围绕着命题来表现的发展过程，体现了幼儿思维水平在不断提高。

通过活动区活动我们发现，集中思维和发散思维缺一不可。通过发散思维寻找题材，通过集中思维筛选题材，再通过发散思维丰富题材，如此不断转换，可以使幼儿的思维变得更加灵活。

没有明显的目的，随意表现　　　　有目的地思考　　　　有意识地确定题材

让美术作品活起来, 让幼儿动起来

主讲人：张晨华、孙晓岚

- 美术区活动和角色游戏之间有什么关系？如何将两者结合起来？
- 如何运用幼儿自己制作的材料在活动区开展规则游戏？
- 什么是探索情景？如何激发幼儿在活动中持续不断的探索热情？
- 如何在已有活动的基础上生发新的内容？如何将幼儿的前期经验迁移到新的活动中？

美术活动区是幼儿通过美术表现形式来表达自己对客观事物感受的活动区。如果仅止步于完成美术作品，那就无法激发出幼儿对所表达的内容的热情。要激发幼儿参与美术活动区的兴趣，体验其中的乐趣，教师就必须在形式和内容两个方面使美术活动区不再停留在作品的展示上，应将区域中静止的状态变成活动的状态，以幼儿特有的方式，让美术作品活起来，让幼儿动起来。如果说幼儿的美术作品是他们的梦想，那么在美术活动区玩起来就是"梦想成真"的时刻。为此，我们归纳了让美术活动区动起来的三种方法。

一、在角色情景中玩起来

角色游戏是学龄前儿童最有特色的玩的方式之一。通过装扮和模仿角色来体验成人生活是幼儿游戏的一大特色。在角色情景中玩起来就是指将美术活动区自然融入角色情景，引导幼儿在开展活动时以角色行为来运用美术的表现形式，这样既能满足幼儿的想象，又能让他们身临其境地获得对内容的理解和体验。

实例展示

小班活动区"夏天真热"

1. 要求

（1）感知夏天明显的气候特征，乐意参加各种使身体凉快的活动。

（2）尝试用折、剪等多种形式，表现让自己凉快的方法，加深对夏季生活情景的体验。

2. 内容

小班幼儿对"吃"情有独钟。在角色游戏中制作食品的活动一直深受幼儿欢迎。随着夏天的到来，幼儿开始关注与生活息息相关的夏令食品，于是美术活动区的食品也从自制面条、饼干变为自制夏令食品。

（1）水果蛋糕。

天气渐热，水果蛋糕又好吃又好看。幼儿选用各色色纸并通过折叠的方式来表现水果蛋糕不同的口味；选用彩泥做各种好吃的水果。

分好的彩泥

水果蛋糕

幼儿在制作水果蛋糕

（2）果汁和蛋筒冰激淋。

幼儿在制作果汁和蛋筒冰激淋时，不但能用不同的颜色表示不同的口味，还可以按自己的想象添加、变化花式，从而激发了他们持续参与的兴趣，在边做边玩中充分享受模拟品尝夏令食品的快乐。

幼儿撕剪的不同颜色的碎纸

不同口味的果汁

教师提供的半成品

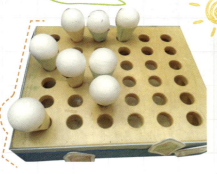

用彩泥把蛋筒包起来

幼儿制作的冰激淋

在边做边玩中充分享受模拟品尝夏令食品的快乐

秀色可餐的冰激淋

小班活动区"找凉快"

热浪滚滚是夏季气候最突出的特征,幼儿都在寻找让自己凉快的好办法,其中待在太阳不能直射到的阴凉处,或找个有风的地方吹吹风等,最能使幼儿获得直接体验,我们就以此开展了"找凉快"的活动。

（1）太阳眼镜。

幼儿运用眼镜模板和各色玻璃纸,通过粘贴和添画的方式自制太阳眼镜。幼儿戴上自己做的眼镜,边走边看,发现眼前的物体都变了颜色(我们特地提供了黑白色的各种图案)。例如:幼儿戴上绿色的太阳眼镜,发现太阳好像藏在树荫下;戴上蓝色的太阳眼镜,发现太阳又好像去水池游泳了;戴上茶色的太阳眼镜,又发现太阳要去睡觉了,感觉好舒服、好凉快。

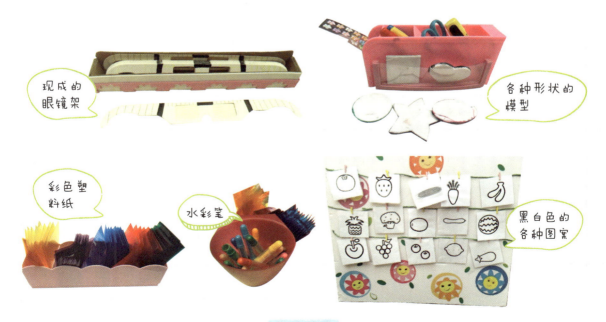

现成的眼镜架

各种形状的模型

彩色塑料纸

水彩笔

黑白色的各种图案

活动材料

幼儿制作的太阳眼镜

（2）小花伞。

幼儿由太阳眼镜联想到了遮阳伞，他们在伞面上画上西瓜、星星、小雨点等图案，然后插上一根吸管，一顶遮阳小花伞就做好了。幼儿可以打上自己的小花伞到太阳底下去转一转、玩一玩。

小花伞

（3）小扇子。

为了吹风，幼儿想到了空调和电扇，于是，他们就做起了扇子。幼儿拿着自己做的扇子扇呀扇，看见头发在动、衣服在飘，尽情感受着扇子的风所带来的凉意。

幼儿陶醉在角色装扮中，有的幼儿甚至三样装备都带上，感觉好像真的凉快多了，在太阳底下也不觉得热了。

图示

白底
小扇子

小扇子的材料

为什么要给幼儿提供图示呢？因为小班幼儿的观察印象单薄零碎，会给他们自主创造带来困扰，提供和夏天有关的图像，可以让他们自发地选择相关内容进行涂鸦。

带上装备出门去，在太阳底下也不觉得热了。

为什么我扇扇子，头发也会飘起来呢？

带上小扇子出门去

（4）和风一起玩。

在玩"小扇子"这个活动时，有幼儿提出疑问：为什么扇扇子时，头发也会飘起来？于是，我们顺势开展了"和风一起玩"的活动区活动。

另外，在玩水时，幼儿可借助扇子或者小型风扇的风力，让自己装饰好的风帆小船快速向前行驶，进一步体验到了开船的乐趣。

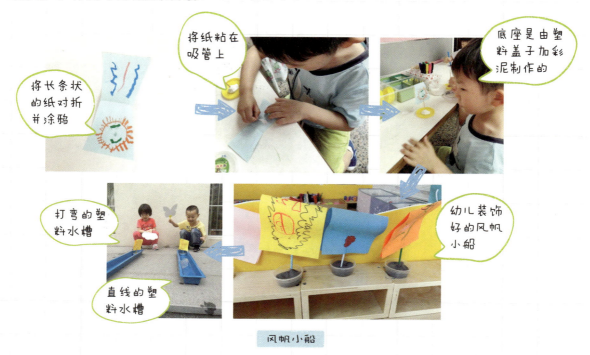

将长条状的纸对折并涂鸦

将纸粘在吸管上

底座是由塑料盖子加彩泥制作的

打弯的塑料水槽

直线的塑料水槽

幼儿装饰好的风帆小船

风帆小船

幼儿在有弯度的塑料水槽里开帆船时，每到转弯处，扇子就起不了作用了，于是有的幼儿就将家里的手持式电风扇带了过来。手持式电风扇风力强劲，小帆船在弯曲的水槽里也能航行了。很多时候，幼儿解决问题的能力常常会超出我们的预期。

此外，我们又提供了气球、风洞口等材料，即在纸箱上开两个洞，里面放个气球，并将塑料薄膜套在纸箱上方的洞上，从而让幼儿尝试利用风让气球飞起来，更直观地感知风的存在。

和风一起玩

通过以上活动我们可以看出，无论幼儿扮演哪一个角色，这些作品都替代了现成的玩具，更有助于他们表达自己对夏天生活的感受。在进行角色情景游戏的过程中，以下两个方面尤为突出。

1. 角色扮演，身临其境

从以上的活动区介绍中可以看到，这些制作都和幼儿装扮夏天的角色活动有密切的关系。不仅在小班，在中班和大班也是如此，例如：幼儿在中班的"猜谜语商店"活动中扮作顾客和营业员，在"沙漠探险"活动中扮作帮助探险队员寻找水源的仙人掌，在"月亮船"活动中不断变换乘坐月亮船的角色；幼儿在大班"设计师画图纸"活动中扮作工程师，在"化学实验室"活动中扮作科学家，这些角色扮演都再现了幼儿对作品的想象。

猜谜语商店（顾客和营业员）　　沙漠探险（仙人掌）　　月亮船（不断变换角色）

设计师画图纸（工程师）　　化学实验室（科学家）

2. 在做做玩玩中更加投入角色

各类艺术作品丰富了角色游戏的情境性，增添了幼儿装扮各种角色的乐趣，也会让幼儿从中发现这些活动在方法上存在着内在联系，比如"夏天真热"中的许多制作方法都曾在"小猫在哪里"、"粉刷匠"、"洗澡"等小班美术活动区出现。

（1）在"水果蛋糕"中，幼儿装扮点心师傅自制不同花式的蛋糕，延续了"小猫在哪里"（折小猫）中的对角折两次和"粉刷匠"（折帽子）中的两角对折痕折的折纸方法。

257

一起做

我们也来做下好吃的蛋糕吧！回忆一下水果蛋糕的折纸步骤和"小猫在哪里"、"粉刷匠"的折纸步骤有什么联系？

水果蛋糕

　　我们引导幼儿在自制食品的过程中增添新的内容，使他们在表现过程中的创造空间越来越大，比如幼儿可以变换蛋糕的味道和样式，可以做草莓蛋糕、蓝莓蛋糕等。除此之外，我们还引导幼儿将纸杯蛋糕的经验迁移到其他夏令食品上，由折纸转变为剪纸（果汁）、泥工（冰激淋）等表现方法，从而使幼儿的表现形式和内容都更为丰富了。

各种口味的蛋糕（折纸）

各种口味的果汁（剪纸）

各种口味的冰激淋（泥工）

关注颜色的特征

　　（2）在"太阳眼镜"活动中，幼儿在戴上各色镜片的太阳眼镜时发现，周围物体都变成了镜片中的颜色。当他们用太阳眼镜看太阳时，他们说出"太阳去大海里洗澡啦"（蓝色镜片）、"太阳躲到大树下乘凉了"（绿色镜片）、"太阳去睡觉啦"（茶色镜片）。可见，他们从这一过程中不但感知了气温的变化，而且还能够关注颜色的特征并据此展开想象。

　　（3）在"小花伞"和"小扇子"活动中，我们为幼儿提供了与夏天有关的物品图片，鼓励幼儿在有目的地选择内容进行涂鸦的同时，加深对夏天的印象。从内容线索上看，活动由对食物的关注逐步拓展到对夏天用品的关注。

　　我们提供图片并不是为了让幼儿临摹，而是便于他们了解夏天的物品，让幼儿在画画玩玩的过程中自然而然地加深对夏天的认识。

　　幼儿通过做做玩玩的活动区活动，不但加强了他们的美术表现能力，更重要的是，他们不再被动地等待教师提供现成的玩具，而是会根据自己扮演的角色需要自发地制作玩具。可以说，美术活动区丰富了角色游戏的内容，而角色游戏也推动了幼儿的美术感受力和表现力的发展。

二、在规则游戏情景中玩起来

　　规则游戏因其结果的不确定性而对幼儿有着强烈的吸引力，因此，我们将规则游戏融入美术活动区中，引导幼儿围绕某一内容并通过自制材料、自定规则来参与活动，从而使幼儿在不断参与游戏的过程中玩出智慧，并体会游戏无穷的乐趣。

实例展示

中班活动区"火辣辣的夏天"

1. 要求

（1）观察夏季的各种自然现象，了解动植物适应季节时的变化。

（2）用各种美术形式有目的地表现观察对象的主要特征。

2. 内容

（1）第一阶段：风儿呼呼吹。

　　我们以找风作为"火辣辣的夏天"的切入口，在美术活动区围绕找风开展了以下活动。

　　①放风筝。幼儿都有放风筝的欲望，但还不具备把风筝放得又远又高的能力，美术活动区能让幼儿以另一种形式实现这个梦想。我们在美术活动区里创设了草地和天空的场景，放置了真正的风筝。幼儿在活动区中画上自画像和喜欢的风筝，然后用相同颜色的纸绳将画像和风筝连接起来，接着让大家来竞猜，即寻找谁的风筝放得高、放得远。

"放风筝"活动区

规则

（1）遮住连接自画像和风筝的线。

（2）竞猜者观察、判断每一位幼儿放的是哪一只风筝，并做好记录。

（3）打开遮布验证结果。全猜中者得3分，猜错一个得2分，猜错两个得1分，其他不得分。

（4）重新更换连线位置继续猜，累计获得10分者为胜。

（5）共同确定风筝的数量，从6个风筝开始，随着风筝数量的增加，其难度也随之递增。

遮住路径

打开遮布验证

猜测风筝的连接路径

记录自己的竞猜成绩

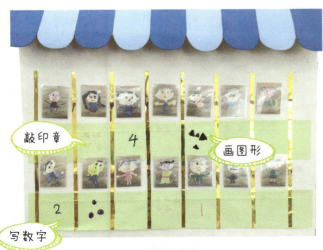

敲印章

画图形

写数字

记录板

TiPs

根据中班幼儿的年龄特点，他们可以按照自己的方式记录成绩，比如写数字、画图形、敲印章等。

②小飞屋。最初的活动内容是幼儿通过绘画自由表现心中的小飞屋，但幼儿并不满足于此，他们在分享交流中开始讨论让小飞屋真正飞起来的好办法。我们为幼儿提供了气球，有的幼儿将自己画的小飞屋贴在气球上，有的幼儿直接在气球上画小飞屋，从而使自己的小飞屋能够真正飞起来。

幼儿画的小飞屋

活动区材料

幼儿制作小飞屋

贴在气球上

画在气球上

幼儿尝试利用气球让小飞屋飞起来

随着活动的开展，幼儿觉得单单用气球还不够，他们在讨论后决定要收集各种"飞行器"（如自制降落伞、竹蜻蜓、发条玩具、蝴蝶、纸飞机、小型风筝等），探索并尝试让小飞屋飞得高、飞得稳的方法。

幼儿收集的各种飞行器

TiPS

在幼儿收集的飞行器中，其中有些可能无法让小飞屋起飞，教师不要立即否定他们，而应鼓励他们，让幼儿通过自己的探索来发现怎样的飞行器才可以让小飞屋飞起来。

规则

（1）看谁的小飞屋飞得高。
（2）让小飞屋定点着陆。
（3）看谁的小飞屋飞得时间长（即最后一个着落）。

比一比，谁的小飞屋能落到指定的地点

看谁的小飞屋飞得高

让小飞屋定点着陆

幼儿自己设计的小飞屋游戏记录板成了会变化的环境布置，也成为幼儿津津乐道的排行榜。

比一比，谁的小飞屋能落到指定的地点

用的飞行器

云表示飞得最高

高楼表示更高一些

小房子表示再高一些

树表示稍高一些

地面表示飞得最低

高

低

记录游戏结果

（2）第二阶段：夏日里的萤火虫。

夏天的虫子逐渐多了起来，我们引导幼儿通过收集图片、饲养、观察记录和写生等方式来积累有关虫子的感知经验。其中，幼儿对夏日的萤火虫非常着迷。为此，我们启发幼儿尝试用折纸的方法来表现萤火虫。

幼儿自己绘制的带有神秘色彩的背景

折纸材料

每当幼儿折出一个萤火虫，教师就奖励幼儿一个会发光的小灯泡，幼儿将灯泡装在折纸萤火虫的尾部，萤火虫便栩栩如生地亮了起来。

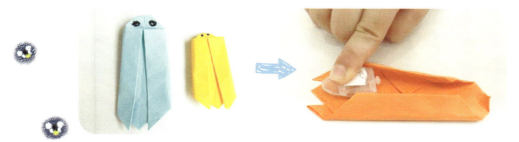

折纸萤火虫　　　　　　　　　为萤火虫加上灯泡

将自己的萤火虫贴在背景上

之后，我们布置了一个黑山洞（帐篷），在山洞里放置了夏季物品的拼图，引导幼儿利用自制萤火虫开展黑山洞寻宝的游戏。

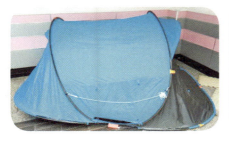

黑山洞　　　　　　　幼儿喜欢的拼图或提示卡（1）

幼儿喜欢的拼图或提示卡（2）

规则

（1）任意抽取一张任务卡。

（2）按任务卡的要求，带着自己的萤火虫在山洞里寻找散落的拼图(寻宝)。

（3）最快拼成拼图的幼儿获胜。

（4）在游戏后期也可以增加定时器，在设定的时间里先拼成拼图者为胜，或以控制进出黑山洞的次数等方式来增加游戏难度。

带上我的萤火虫　　　进山洞找拼图　　　拼一拼

Tips

为了提升幼儿的成功体验，我们给拼好拼图的幼儿提供了奖励，比如拼成帽子拼图就奖励一顶小凉帽，还可以戴上一整天，这样的奖励让幼儿感到特别满足。

我要拼帽子　　　带上我的萤火虫找帽子　　　拿到真正的帽子

（3）牵牛花爬得高。

幼儿在自然角种下了自己带来的牵牛花种子，我们为此搭建了篱笆，吸引着幼儿天天去看它们的生长情况。天气转热，牵牛花的生长非常快，但离花开还有一段时间，这需要幼儿耐心等待。由于幼儿很是焦急，于是，我们提供了各种颜色的彩纸，让幼儿用折纸的方法来表现已开放的牵牛花，从而满足他们期盼花开的愿望。

用折纸的方法来表现已开放的牵牛花

之后，幼儿又利用环境玩起了"牵牛花爬得高"的猜拳游戏。

规则

　　（1）共同确定花开的数量。
　　（2）幼儿进行猜拳，胜者可让牵牛花往上攀爬；也可用掷两个骰子合数是"7"（一周）的方式让牵牛花向上攀爬；还可通过掷一个数字骰子和一个花色骰子的方式，即一个表示牵牛花能攀上几步，另一个表示牵牛花的颜色。
　　（3）看谁的牵牛花全部爬上墙头开花。
　　（4）牵牛花的数量可从2—3朵开始逐步增加。

牵牛花爬得高

以上活动都是利用幼儿制作的作品开展的规则游戏，这些规则游戏都具有以下特点：

1. 结果的不确定性

规则游戏的过程千变万化，结果无法预测，即便相同的规则由相同的人玩，每一次结果都会不同，何况还可改变规则、人数和伙伴，因而使幼儿越玩越想玩。

在"牵牛花爬得高"中，最初猜拳的规则是赢的一方走一格。由于每一次猜拳都无法预测输赢，因此哪一方最先到达终点是不确定的。之后掷骰子（合数是7）也是无法确定的，从中还蕴含着换位思考和推理等多种智慧。正是这样的不确定性，吸引着幼儿热情地参与活动。

每次猜拳的结果都不同，无法预测游戏结果

2. 玩法的多变性

（1）改变竞赛的方式。许多教师在组织活动区游戏时都习惯用掷骰子的玩法，这样虽然很好玩，但不能成为唯一的方法。例如："小飞屋"游戏是比高比准，"牵牛花爬得高"是通过比赛猜拳来让牵牛花爬墙，"夏日里的萤火虫"是看任务卡找拼图，"放风筝"则是看画面找连线的玩法。

游戏的方法多了，幼儿就玩得更灵活了。

（2）改变游戏的规则。在制定游戏规则时，不能都由教师制定，我们可以通过师幼共同讨论的方式来制定，也可由幼儿自己制定。游戏规则也不是一成不变的，幼儿会在玩的过程中产生新的内容，确定新的规则。作为教师，应当支持幼儿生成的新内容、新规则。

不同的玩法

（3）改变制作的方法。由于这些游戏活动的材料是由幼儿参与制作的，因此幼儿制作的方式也会随着活动内容的变化而变化，例如：小飞屋、风筝运用了绘画的方法，萤火虫、牵牛花运用了折纸的方法。在开展规则游戏时，玩法随着情景在变化，规则随着玩法在变化，制作方法又随着规则在变化，这些变化都会给幼儿带来无穷的乐趣。

3. 玩出智慧

规则游戏会有很多偶然或不可预测的因素（如猜拳、任务卡等），且又存在着许多可以通过思考发现的获胜窍门。在玩这类游戏的过程中，幼儿可以发现诀窍、玩出智慧。

比如，在开展"牵牛花爬得高"游戏时，幼儿将起初的猜拳获胜走一步的规则变为获胜后石头走1步、剪刀走2步、布走5步的规则，使牵牛花爬墙的速度加快，而且使游戏的变数加大。新规则刚开始实施时，部分幼儿因急于求成而一直出布（5步），结果让出剪刀者屡屡获胜。之后他们才逐步悟出如何推断对方出拳的方法。

又如，在玩"小飞屋"时，幼儿不满足于仅仅运用绘画来表现自己的想象，于是将小飞屋画在气球上或者绑在不同的飞行器上，然后往上抛，让小飞屋真的飞起来，并比比谁的小飞屋飞得高。幼儿在活动中逐渐发现往上抛的力度、姿势以及房子绑定的飞行器类型都和高度有关。之后，他们又发展出了比定点降落和比飞行时间长短的规则。在反复操作的过程中，逐渐摸索出各种获胜的窍门，并将其体现在绘画作品中。由此，幼儿的绘画作品也随之成为每次游戏结果的记录互动墙，成了幼儿在分享交流中获得智慧的来源。

　　同样，在大班的"肥皂盒汽车大赛"活动中，幼儿在赛创意（比谁制作的小车更特别）和赛距离（比谁的车开的距离更长）中，显现出他们各自的才干。

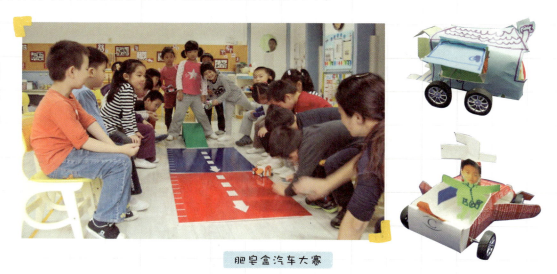

肥皂盒汽车大赛

三、在探索情景中玩起来

　　有些美术活动既没有特定的角色，也没有游戏规则，但仍然会使幼儿玩得乐此不疲。究其原因，是因为这些活动均包含让幼儿在探索中不断发现新知的情景。这能使幼儿爆发出旺盛的热情，不断地在探索情景中玩起来。

大班活动区"毕业时刻"

1. 要求

（1）幼儿能体会自己已经长大，并以愉快的心情迎接毕业。

（2）在情境中用多样的方式表现与人、与周围事物的关系。

2. 内容

（1）第一阶段：留念。

①自制名片。幼儿从用毛笔写象形字到书写自己的名字的过程中，获得了很大的成就感。于是，我们进一步开展了将自己的姓名藏在字与章中的自制创意名片的活动。幼儿将制作好的名片

贴于墙上,然后由同伴拿着教师提供的名字卡片(正楷字),在众多名片中寻找同伴制作的名片,找到之后再进行名片交换,以此作为他们彼此的纪念。在交换名片的过程中,无形地增进了幼儿与同伴间的友谊。

幼儿做的名片

寻找同伴的名片

交换名片

②交换礼物——并拢分开大不同。活动从互换名片发展到互送礼物。关于送礼物，当然是自己亲手做的且有趣的礼物最有价值了。于是，我们引导幼儿自制一件有趣的礼物——并拢分开大不同。幼儿将纸折叠，用黏土在封面上塑造出简单的图形，然后将纸打开继续添画，最后使作品在打开和闭合时呈现不同的画面。幼儿在画一画和猜一猜中借形想象。幼儿经过每天的积累，求异思维能力不断提高，各种新奇的创意被不断激发，最后大家都得到了一份值得珍藏的礼物。

活动区材料

幼儿亲手制作的礼物

先画打开时的画面

再画并拢时的画面

打开的那一瞬间充满着惊喜

并拢分开大不同（合拢是一座桥，打开成了笑脸）

交换礼物真开心！

交换珍贵的礼物

　　经过一定的积累，每个幼儿都制作了自己的礼物，那么怎样交换呢？教师可以将礼物编号，然后准备标有编号的小纸片让幼儿抽取。在交换礼物的时候，为了突出隆重和正式的氛围，教师可以播放一些背景音乐，幼儿抽取编号后去寻找相应的伙伴交换彼此的礼物，这样做特别有仪式感。

　　③我们的毕业照。在大班幼儿毕业前夕，按照常规都会拍毕业照，但由专业摄影团队拍摄的毕业照，缺少了幼儿的想法和情感。为此，我们在引导幼儿欣赏各种合影以后，便启发幼儿自由结伴，自主选定幼儿园中的场所，将自画像剪下后组合排列，贴在教师拍摄的场景照片中，创作自己想要的毕业照。幼儿在商讨、探索中创造性地制作出许多新的组合画面，教师按照他们设想的画面，在实景中为他们一一拍照留念。

　　当自己想要的毕业照变成真正的照片时，幼儿是非常兴奋和激动的。因为这种满含自己情感的毕业照，承载的是幼儿心中对同伴、对幼儿园环境的美好回忆。

幼儿想要的毕业照

幼儿想要的毕业照

根据幼儿设想拍摄的实景照片

根据幼儿设想拍摄的实景照片

幼儿想要的毕业照

根据幼儿设想拍摄的实景照片

根据幼儿设想拍摄的全班集体照

（2）第二阶段：毕业典礼。

毕业典礼要表演节目，有的节目需要统一准备服装和道具。我们就和幼儿商量，然后为他们提供相应的材料和道具，由他们自己制作，满足幼儿的自主需求。

①荷花扇——女孩的节目。我们为幼儿提供一些荷花的作品供其欣赏，他们用毛笔在团扇上画出错落有致的荷花。女孩子们穿上小旗袍，跟随音乐翩翩起舞、浅笑盈盈的样子，真是古风韵味十足。

作品赏析

用毛笔在团扇上画荷花

跟随音乐翩翩起舞

②舞龙——男孩的节目。做好了龙头与龙尾，龙身怎么做呢？幼儿凭借自己的智慧，决定用剪窗花的方法来表现龙身的花纹。于是幼儿按照龙身上鳞片的疏密来排列队形，让节目表演变得更精彩。

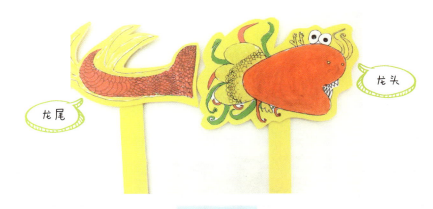

龙头和龙尾

用剪窗花的方式来表现龙身上的鳞片

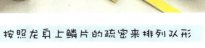

按照龙身上鳞片的疏密来排列队形　　　　随音乐变换队形

从以上的活动中我们可以看到，幼儿在活动的内容和表现上都开始关注与周围的人和事物的关系，主要体现在以下几点：

1. 大字、小字和图章的排列

在"自制名片"活动中，幼儿从"会散步的字"到"自制名片"，他们在卡片摆放、模拟字画、自制名片的过程中不断思考字和图章间的位置关系。这一活动的乐趣不只在于将自己的名字藏在名片里，还在于其他幼儿可以通过名字竞猜的方式来找同伴的名片并进行交换。与此同时，幼儿能在不断收集同伴的名片的过程中体会朋友多的快乐。

如果字排队了，可以通过移动卡片来调整

如果字排队了，可通过书写后面的字来调整

还要考虑如何隐藏自己的名字

卡片摆放

模拟字画

自制名片

挑出自己满意的字并放在九宫格中

有的幼儿一开始为了不让同伴轻易发现自己的名字，就将名字写得很小，而且还叠在别的字的旁边，但之后的几天里都没有人发现他们的名片，这下他们可着急了，于是便及时调整，重新制作名片。有的幼儿虽然还是把名字写小，但是会和别的字分开，让名字更容易找到；有的幼儿会找出自己名字中的那个比较特别的字，并单独将这个字放大。幼儿的这一系列调整恰恰体现了他们的思考过程。

2. 人和人、人和背景之间的关系

在"我们的毕业照"活动中，我们一改以往毕业照的刻板排列，让幼儿在选择同伴和探索排列造型的变化中不断创新，将排好的场景拍成真正的毕业照，将画面创新又转化为毕业时刻的真实情景，让幼儿找到更多的朋友。

左 3 右 2、3
上 2 下的排
列方式

左 2 右 2、
前后不一的
排列方式

我来举手，
造型更好看

体现各种关系的毕业照

　　幼儿在设计毕业照的过程中，需要思考人与人、人与背景之间的各种关系：（1）人与人排列的位置关系，比如左边站 3 个，右边站 2 个；拍集体照时，怎样让每一排的人都被拍清楚等。（2）排列的位置与背景的关系，比如有攀登墙时，3 个站在墙上面，2 个站在下面；有门洞时，有的站外侧，有的站在门边或从门里伸出头来；有滑梯时，在滑梯的什么位置拍出来更好看又不会被遮住等。（3）动作造型之间的关系，比如 1 个人举起两只手，其他人只举 1 只手。在设计动作时，为了让动作更丰富，有的幼儿会把自画像上的手折上去，从而摆出各种造型。（4）人与人的社会关系，比如幼儿会自发地组成各种拍照小组，有男生组、女生组、跳绳达人组、瘦子小组等。可见，幼儿在设想毕业照的过程中不仅考虑了人与人的位置关系，还思考着人与人之间的社会关系。

　　在幼儿为"毕业典礼"准备的道具中，无论是错落有致的荷花，还是疏密不一的龙身，都表现了幼儿对物体、人物之间空间关系的思考。

错落有致的荷花

按高矮来排列

荷花的绘制是"会散步的字"和"自制名片"活动的延续，幼儿因为有了字与字排列的前期经验，所以在绘制荷花时就驾轻就熟了。

在设计龙身的排列方式时，幼儿也会寻找规律，比如按照从疏到密或是二密一疏的方式来排列。之后幼儿又发现，除了按照鳞片的疏密来排列龙身之外，还可以根据个子高矮来排列，这样的变化就更丰富了。

3、将没有联系的事物建立关系

"交换礼物"活动是一个图画猜谜游戏，幼儿绘画的过程就是游戏的过程。活动的起点并不高，是简单图像的借形想象。刚开始，幼儿想出的内容非常雷同。通过幼儿之间不断的互动，他们开始不满足于跟随他人，而是自己变出越来越丰富、越来越出其不意的内容，有许多创意甚至连教师都猜不出来。我们会看到幼儿从最初的迷茫到在幼幼互动中迸发智慧，再到创意无限的发展过程。

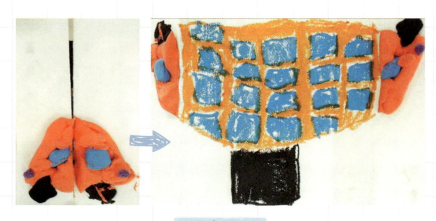

汽车变电蚊拍

一颗葡萄变热气球　　　　　　　三明治变背带裤

　　幼儿在"会散步的字"中探索字与章的变化排列，在"自制图画书"中尝试各种图画书的制作方法，在"小苗苗快快长"中用新的方式记录植物的生长变化，在"看夕阳"中通过探索总结出画夕阳的方法（眼要亮、手要快、加点白），这些都表现了幼儿在探索中的创造表现。

会散步的字——探索排列变化

自制图画书——图画书的不同样式

小苗苗快快长——观察记录的方法

看夕阳——涂染的规律

美术活动区不再以完成作品为目的，教师应充分激发幼儿对美术活动的兴趣和主动参与活动的积极性，使在让美术作品活起来、让幼儿动起来中满足他们通过艺术表现来体验审美情感的需要，从而激活他们的思维能力，激发他们的创造潜能，最终使他们更为关注周围的事物，并形成更为丰富的审美情感体验。

想一想 小提示

活动1-1 猜谜语商店（中班）

我们为什么要选择先开蔬果店呢？

教师在选择内容时，一定要从幼儿的熟悉程度和现有的艺术表现能力出发。比如在本活动中，幼儿最熟悉的有蔬果店、点心店、服装店和花店，较为熟悉的有钟表店、文具店，不熟悉的有饰物店等，而且蔬菜和水果大都造型简单、色彩单一、易于表现，因此我们首选了蔬果店。在幼儿胸有成竹地把握活动方法后，会主动进一步尝试新的内容和方法。

为什么要准备两种规格的彩色造型土呢？

教师在准备材料的时候需要充分考虑幼儿制作时的实际需求，幼儿选择的玩具有大有小，比如制作黄色小鸭需要大块的造型土，制作手表则可使用小块的造型土。教师为幼儿提供不同规格的造型土，从而帮助他们更有目的地选择材料。

活动1-2 我和朋友心连心（中班）

轮廓线为什么要按逆时针方向设置？

根据大部分幼儿左手握纸、右手剪纸的习惯，按逆时针方向设置轮廓线，即由右向左剪，幼儿相对能更安全，不容易剪到自己的手。

为什么是转纸，而不是转剪刀呢？

剪纸的正确方法是：握剪刀的手将剪刀口对准前方，按需要不断张合，另一只手握纸，按轮廓的特征转动纸张，逐步做到双手动作协调灵活。

活动1-3 变大变小的伞（大班）

为什么我们选择折叠伞，而不选择画伞呢？为什么要为幼儿提供大小相同的双色纸呢？

最初幼儿还没有建立物体大小相对性的意识和概念，就伞来说也是如此，他们会把伞画得很大表示大伞,画得很小表示小伞。如果选择用相同大小的纸来折伞,就排除了大小之间的比较,为后续将伞和周围事物作比较,以发现大小的相对性创造了有利条件。

　　教师之所以选择双色纸折叠伞,是因为考虑到折伞过程需要将纸翻转,双色纸可以便于幼儿分辨正反面,易于把握折叠方位。

活动 2-1　　小猫在哪里（小班）

教师为什么要分三次投放材料?

　　活动中,教师是根据步骤的需要逐次提供材料的,即先是一张手工纸,再是五官条,最后是纸袋衣裳。这是出于对小班幼儿年龄特点的考虑,因为小班幼儿还不能自主地在多种材料中选择自己需要的。如果是中班的幼儿,教师可以直接说明要求。如果是大班的幼儿,教师可以把所需的材料全部展示在桌子上,由幼儿自主分配使用材料的顺序。

活动 2-2　　小苗苗快快长（中班）

为什么要准备不同规格的造型土?例如,为什么要准备大号的黄色土、中号的咖啡色土和小号的白色土?这其中有什么讲究吗?

　　考虑到幼儿操作中的实际需求,我们将造型土分成大、中、小团。比如,因为土豆的主要颜色是黄色,所以我们准备了大团的黄色;咖啡色是要揉进黄色中的（混色）,所以提供的是中团;白色是为了做根须的,所以提供的是小团。

过程式记录是不是优于结果式记录呢?

　　我们觉得这两种方法并无优劣之分。教师不能刻板地仅使用唯一的方法,而是应根据不同的观察对象来选择不同的记录形式。

活动 2-3　　自编图画书（大班）

能否提供更合适的纸张规格?

　　教师可以提供长条形的纸张,即把目前提供的纸张剪成三条,这样更便于幼儿制作。

为什么不让幼儿来翻辫子呢?

因为这是幼儿第一次用辫子图画书来讲故事,对辫子书还不熟悉。教师通过示范可以让幼儿了解辫子书的操作方法。

活动3-1 可爱的多肉植物(中班)

绒球仅仅是为了美观吗? 它可以制作些什么?

绒球不仅能起到美化仙人掌的作用,它还能降低幼儿制作的难度。例如,有的角落里不便于绕绳,幼儿就可以用绒球来填补。有时,幼儿绕绳绕累了,也可以选择用绒球来代替绕绳。

这名幼儿使用了哪些绕绳方式?

为了更好地帮助幼儿做经验分享,教师需要厘清不同的绕绳方法,我们以这名幼儿的作品为例来分析(如下图所示),幼儿运用的绕绳方法有左左右右绕、上上下下绕、绕"8"字、从里往外绕和从外往里绕。

左左右右绕

上上下下绕

绕"8"字,
从里往外绕,
再从外往里绕

多种绕绳方法

活动3-2 会散步的字(大班)

字贴中的字为什么是对称的?

因为在正面刻的印章文字,印出来就是反的,所以在我们提供的参考字贴中,主要以左右对称的文字为主,这样方便幼儿印刻。

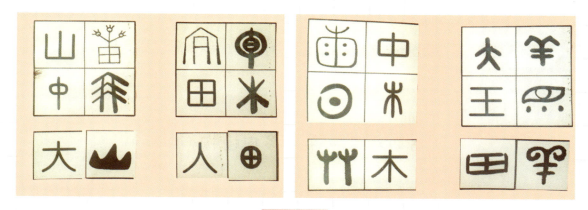

对称的字

活动3-3　喜上眉梢（大班）

塑料透明底板除了能帮助幼儿更好地塑形,还有什么作用?

因为有塑料透明底板的关系,待造型土干后,幼儿能方便地将自己创作的喜鹊造型整体取下,从而增强其表现的自信心。

活动4-1　小飞机的航空表演（小班）

为什么我们要选择塑封纸和鱼线?

因为塑封纸是透明的,鱼线很细不易看见,这样的材料可以避免显现在蓝天白云的画面中,可使飞行喷雾表演显得更真实。

活动4-3　看夕阳（大班）

为什么不用固体胶来粘贴剪影?

我们用蓝丁胶（宝贴）代替了固体胶,便于幼儿随时调整画面,从而为他们想象出的更多的故事情节留出充分的空间。此外,这样做也便于幼儿在后续的活动区中,能够进一步将夕阳和剪影进行组合,想象夕阳下的种种故事,从而构成更丰富多元的画面。

活动 5-1 喜羊羊过新年（小班）

在选择彩泥颜色时，我们需要注意什么吗？

考虑到小班上学期的大部分幼儿对色彩的认知水平有限，我们选择了幼儿能够辨认的颜色，如黄、红、绿、蓝等。教师在提供材料时，任何细节都要从幼儿的角度出发，选择符合他们年龄特点的材料。

活动 5-2 洗澡（小班）

在选择洗澡玩具和提供操作纸时，我们需要注意什么吗？

洗澡玩具的种类有很多，在给小班幼儿挑选玩具时，我们需要从三个维度去考虑。第一，选择幼儿或部分幼儿熟悉的玩具，如乌龟、鱼、鸭子等都是幼儿很熟悉的玩具，又如海豹、鳄鱼等是部分幼儿熟悉的玩具。这样的玩具都可以提供给幼儿，以满足他们的好奇心和求知欲。第二，我们要考虑动物玩具与水的关系，比如河马就很合适，而兔子就不合适，因为兔子不喜欢洗澡。第三，由于小班幼儿的年龄特点，他们关注的是观察对象的大致外形，因此我们要选择轮廓简单的动物玩具，以便幼儿更好地进行对应观察。

另外，由于幼儿需要根据动物的笼统轮廓寻找对应的操作纸，因此教师要根据小班幼儿的年龄特点来设计操作纸，使幼儿能顺利地找到玩具与操作纸的对应关系，即笼统轮廓的对应和颜色的对应。

玩具的选择

轮廓的对应和颜色的对应

活动5-3 月亮船（中班）

为什么要使用直接涂抹的绘画方式？

　　直接涂抹的绘画方式便于幼儿对作品进行修改，例如：脸蛋画小了，可以直接在外面再涂一圈；裙摆画小了，可以直接把裙子下摆加宽。此外，幼儿运用这种方法绘画时，绘画的速度也比较快。